日本偶像帝國

ニッポン男性アイドル史
一九六〇—二〇一〇年代

練唱跳、學演技、玩綜藝
一段學會受人崇拜的男神養成史

太田省一——著

目錄
CONTENTS

序章

男性偶像
是怎麼來的？

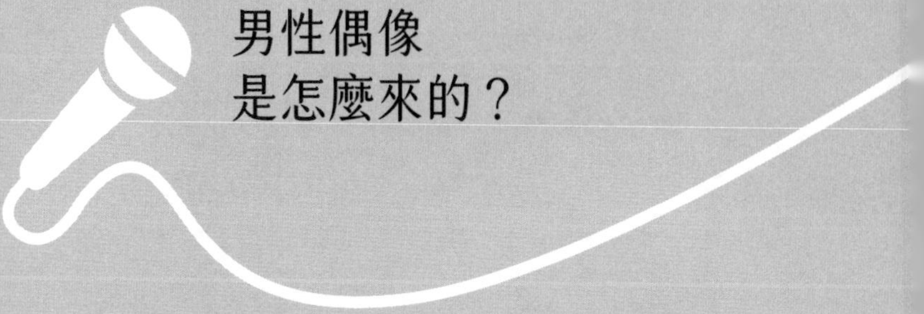

前言

本書的目的是重新回顧日本的男性偶像養成史。

為什麼特別關注在男性偶像這一塊呢？

原因之一是因為一直以來，關於男性偶像歷史的書籍遠比女性偶像來得少。這件事的理由我們會在最終章進行探討，首先，我期許透過本書可以稍微彌補兩者之間的差異。

另一個理由是，希望重新針對日本傑尼斯旗下藝人的地位進行探討。

長久以來，傑尼斯事務所總是創造出許多話題，但是在二〇一九年，傑尼斯事務所的創設者強尼喜多川（ジャニーきたがわ）去世後，從事務所創設以來這段漫長的時間裡所締造的偉大功績重新被拿出來檢視，過往不太會被提及的傑尼斯歷史這個區塊也受到廣大的注目。

試想看看，儘管大家已經透過電視節目上談「強尼先生」的各種小故事，讓我們對這個人感到相當熟悉，但是他這一輩子始終都是活躍在幕後的人，這樣的一個人物過世居然可以如此受到注目，這實在是在日本的娛樂史上極為罕見的狀況。同時，這也是「傑尼斯」這個獨特的娛樂文化已經滲透到全世界的最佳證明。

同樣在二〇一九年，傳出他曾經在二〇一七年對電視台施壓，不讓宣布退出傑尼斯事務所的三位 SMAP 前團員在電視台上出現，導致傑尼斯事務所遭到公平交易委員會警告的報導，因而引發喧然大波。另一方面，過去傑尼斯事務所在網路行銷方面總展現消極態度，但從二〇一八年左右也開始活潑化，現役的傑尼斯藝人在活動型態上也產生大幅度的變化。

從這一連串的事情來看，可以感受到傑尼斯正在逐步迎接一個很大的轉換期。但為什麼是現在呢？要知道這個問題的答案，重新將傑尼斯放入男性偶像整體的歷史中，客觀的理解傑尼斯應該是最有效的方法。

實際上，男性偶像的歷史並不是大家想像中那麼單純。只看現在的狀況，日本似乎就是「男性偶像＝傑尼斯」的感覺，但是剛開始並不是這樣。傑尼斯也有不是那麼受到注目的時代，傑尼斯也有和其他男性偶像分庭抗禮的時代，但是某個時期之後卻形成了「男性偶像＝傑尼斯」這樣的架構。本書希望依照時間順序，探究這段發展的原委。

首先，為了協助大家理解下個章節以及後續的內容，在此先試著整理男性偶像史的基本架構與發展歷程。

1．男性偶像的兩大類型：「王子」與「流氓」

本書中談論到許多從一九六〇年代到現在發光發熱的偶像，分析他們的基本形象，其實就是「王子」和「流氓」這兩大類型的對抗關係；容易讓人嚮往憧憬的「王子」類型，以及散發出強烈野性的「流氓」類型。透過這兩種類型的相互競爭，展開了男性偶像的世界。比方說，一九六〇年代的初代傑尼斯和ＧＳ（Group Sounds，泛指日本的搖滾樂團），或是七〇年代的鄉廣美和西城秀樹等，在在都是以「王子」和「流氓」的類型，在那個時代創造出存在感。

其中有一點值得注意的是，扮演「王子」類型的全部都是傑尼斯的偶像，而扮演「流氓」類型的則是傑尼斯以外的偶像。換句話說，傑尼斯偶像的原點不是「流氓」而是「王子」，這件事直到一九七〇年代為止都沒有改變。比方說，七〇年代後半的搖滾樂手偶像化，「搖滾御三家」（Char、原田真二、世良公則&Twist）創造的高人氣，顯示「流氓」類型的偶像瓜分了傑尼斯以外的版圖。

然而從一九八〇年代開始，市場狀況發生了重大轉變。七〇年代後半，失去勢力的傑尼斯透過田野近三重奏（たのきんトリオ／田原俊彥、近藤真彥、野村義男）的風潮，吹起反攻市場的號角。他們三位靠著校園連續劇《三年B班金八老師》（TBS電視台，一九七九年開始播放）的學生角色成為風雲人物，展現出過往男性偶像所沒有的「平凡男孩」的魅力。儘管如此，他們還是承繼了傑尼斯一直以來的傳統構成模式；田原俊彥是傳統的「王子」形象，近藤真彥則是調皮的「流氓」類型。

之後，歸類為「王子」類型的少年隊，以及在「流氓」類型下的男鬪呼組，展開傑尼斯一手掌握兩種類型的時代。這也意味著傑尼斯囊括了所有男性偶像的類型，變成「男性偶像＝傑尼斯」的癥結點就在於此。一九八〇年代後半，掀起一波宛如社會現象般空前風潮的光GENJI，基本上就是「王子」類型，卻融入了調皮類型的成員，並巧妙的將「流氓」要素融合其中。

2．將「平凡」轉化為男性偶像常理的SMAP和嵐

然而，進入一九九〇年代，SMAP出道也讓男性偶像迎向一大轉機。SMAP不是「王子」也不是「流氓」，而是確立了「平凡人」這個第三條路線的男性偶像世界（這是過往「田野近三重奏」所擔當的「平凡男孩」這個類型更擴大發展後的結果）。但是，這並不是「王子」的要素或是「流氓」的要素完全消失的意思。比方說，如果將稻垣吾郎放在「王子」的位置上，那麼中居正廣就是「流氓」，

SMAP 順應個別成員的個性承繼過往的類型。

然而，儘管每位成員都有不同的個性，但是共通的基礎就是「平凡」。換句話說，SMAP 有著不隱藏他們的本性和真實面的樸實魅力；前面敘述的田野近三重奏也擁有這種「平凡」的魅力。不過 SMAP 獲得大家認同，沒有所謂「男孩子年齡限制」的偶像魅力，是決定性的突破。SMAP 在偶像發展史上獲得壓倒性的成功，毫無疑問，靠的就是「平凡」男性偶像的基準。

當然，其中也牽涉到平成時期日本社會特有的時代背景。平成時期，泡沫經濟開始崩壞，發生阪神大地震、東京地下鐵沙林毒氣事件、東日本大震災，再加上階級差異擴大等因素，是個隱約存在著不安的時代。反過來說，就是人們再次理解到所謂「理所當然的日常」的這個價值觀。正因如此，基於這種狀況下，偶像展現出完美的「平凡」姿態更顯得光彩耀眼。實際上，SMAP 在阪神大地震以及東日本大震災之際，積極與社會連結這一點，也是嶄新的偶像型態。

再來，承繼這項「平凡」魅力的，就是一九九九年出道的傑尼斯事務所的後輩：

嵐。SMAP開創的男性偶像生存之道，成為之後出道的其他眾多傑尼斯團體的最佳範本。其中又以嵐堪稱是具備最平凡的「平凡」魅力的團體，並成為二〇〇〇年代之後傑尼斯團體的象徵性存在。

嵐爆紅的背景，應該是因為在「傑尼斯」這個獨特的娛樂王國貼近於一般大眾的時間點出道的關係吧！一九九〇年代後半興起的「小傑尼斯黃金時期」就是出現轉折點的原因。小傑尼斯們（ジャニーズJr.）在發行CD出道之前就累積了廣大人氣，超越個人和團體的限制，他們讓整個傑尼斯呈現出日本社會男性偶像大眾化的成果。嵐是就在「小傑尼斯黃金時期」這個世代中最早發行CD出道的組合，並站穩了傑尼斯大眾化時代的中心位置。

於是，以一九九〇年代為分水嶺，堪稱「傑尼斯獨霸」的狀況逐漸在男性偶像的世界中形成。這個狀況即使在進入二〇二〇年代的現在，基本上還是持續進行著。

3．電視造就了男性偶像的誕生

在我們探究男性偶像變遷的議題時，不能忽略的一點就是他們與媒體之間的關係。特別是以一九六〇年代為出發點來看，男性偶像和電視這個媒體之間構築了什麼樣的關係，更是一大要點。

傑尼斯方面，一九六〇年代後半出道的 Four Leaves 最早以電視為重心，展開一連串的活動。其他像是擔任「新御三家」之一重要角色的鄉廣美，以及參與校園連續劇演出而爆紅的田野近三重奏，都是同樣的類型。

但是，如果以堪稱為「電視圈的天之驕子」這個觀點來看，SMAP 的存在也是劃時代的典範，不可抹滅。不管是以團體或是個別成員的型態出現，除了音樂節目和參與連續劇演出之外，包括綜藝節目、體育、評論報導等不同領域，SMAP 都展現出傲人的成績，更成為日後陸續出道的傑尼斯偶像的教科書。

電視誕生出偶像的現象，當然不只侷限在傑尼斯而已。應該說，電視這個日常的媒體，拉近了視聽者對演出者之間的親近感，所有人都會把他們當成偶像。事實上，除了傑尼斯之外，有很多男性偶像也都是透過電視誕生的。

比方說，前面提到過在一九七〇年代後半博得廣大人氣的「搖滾御三家」就有這樣的面向。一般都認為，與電視扯不上關係的搖滾樂歌手，只要上電視立刻就被當成偶像般，獲得大眾的支持。儘管當事人心中存在著身為音樂家的糾結，但電視就是擁有這樣的魔力。同樣的狀況，像是定位在搖滾樂的方格子樂團和吉川晃司等人，也都受到如偶像一般的支持，這樣的狀況不斷在八〇年代重複發生。

此外，也出現了演員偶像化的狀況。一九七〇年代，活躍於校園連續劇中的森田健作和中村雅俊等人，就受到年輕世代的廣泛支持。他們演出的連續劇主題曲或是插曲都成為暢銷金曲，不難看出他們貼近於偶像般的存在。

類似的現象近幾年再次變得顯著。二〇〇〇年代後半開始，年輕一輩的演員陸續嶄露頭角，獲得宛如偶像一般的高支持度。他們大部分都是拍攝電視劇特輯而受到注目，之後被其他領域的連續劇提拔，進而演出各種不同的角色。像這樣作為演員成長的歷程，也宛如偶像一般展現出魅力。因為主演「假面騎士系列」（朝日電視台等，一九七一年～現在）這個契機而受到注目，現在也以歌手身分活躍於演藝圈的菅田將暉，就是一個極具代表性的例子。

4・迎向轉型期的男性偶像

在這樣的發展之下，近年來呈現的傾向之一就是：純粹的「王子」或「流氓」這類偶像很難在演藝圈生存。當電視這個媒體將所有偶像拉靠近視聽者時，不管是哪一種類型的偶像，太過於突出的話都會變得難以存續。當「平凡」變成具有魅力的一方，純粹的「王子」和「流氓」反而會難以被大眾接受。

一九九〇年代之後的男性偶像，最受人注目的，就是像這樣失去表現舞台的「王子」和「流氓」類型的藝人，他們為了在電視圈以外的地方找到生存之道，進而採取各項活動。

比方說，從一九九〇年代到二〇〇〇年代之間登場的舞蹈表演者，就是這樣的例子。隨後 DA PUMP、EXILE 這類型的團體，利用嘻哈音樂等街頭文化作為管道，將音樂或舞蹈當成武器，具體呈現嶄新的「流氓」類型的偶像。

同樣的，近年如覺醒一般活躍於世界的 K-POP 團體也呈現出另一種意義。以全世界都擁有高人氣的 BTS（防彈少年團）為例，嘻哈饒舌正是他們表演的核心價值所在。這意味著「流氓」這項要素就是他們很重要的魅力之一。另一方面，K-POP 團體在網路時代充分利用了社群網路（SNS／Social networking service）這個嶄新武器，並總是以「全球化」的標準展開活動。對日本的粉絲而言，同時加重了那種遙遠崇拜的魅力和感覺，身為「王子」的魅力又大幅增加。

近年來受到這類潮流的影響，傑尼斯也強化了舞蹈等其他類型的表演，積極在社群網路投注心力、發送訊息。二〇二〇年時，SixTONE 和 Snow Man 同時出道，創下傑尼斯史上首次同時在主流市場出道的記錄，將海外納入活動版圖內可說是其中的一環。在男性偶像世界裡，現在正在迎接很大的變革期。

在接下來的章節中，我們會針對男性偶像的歷史做更詳盡的說明。

第一章

GS與傑尼斯：揭開一九六〇年代男性偶像序幕

首先，讓我們從一九六〇年代的情境開始進入男性偶像的歷史。當時已經有現在也通用的「流氓」和「王子」這兩大男性偶像的路線，前者的代表是ＧＳ，後者的代表則是傑尼斯。接下來會詳加敘述他們兩者之間（特別是對傑尼斯而言）的深厚因緣，以及存在卻又競爭的對手關係。

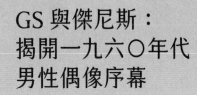

1 從披頭四樂團到搖滾樂團GS，傑尼斯的勁敵登場

這四個人是偶像？

日本是從什麼時候開始意識到有男性偶像的存在呢？披頭四樂團（The Beatles，後面以披頭四表示）到訪日本就是一個開端吧！

披頭四造訪日本，並在日本武道館舉辦演唱會，是一九六六年六月底到七月初之間的事情。他們抵達日本時，身上穿著JAL（日本航空）的法被（日式短袖外套）站在飛機舷梯上，相信很多人應該都看過這張照片吧！

前一年的秋天，他們主演的第二部電影在日本上映，日本地區的片名是《Help!

四人是偶像》（導演：理查德・萊斯特，一九六五年）但是原始的英文片名只有《HELP!》而已，「四人是偶像」是在日本上映時才標註上去的副標題。

換句話說，「披頭四樂團這四個人是偶像」這個刻板印象，對當時的日本人，至少在日本電影界相關人士之間是存在的。儘管如此，這裡所說的「偶像」一詞所呈現的意義，和現在認知的意思是否相同，這一點是需要仔細玩味的。

我突然想到了作詞家阿久悠的敘述，他是當年對日本偶像文化的形成，做出巨大貢獻之選秀節目「明星誕生！」（日本電視台，一九七一～一九八三年）的節目企劃，並挖掘了「花中三人組」、岩崎宏美、粉紅淑女（Pink Lady）等新人。對照了自身的體驗，對於「偶像」這個存在他這樣說：「因為我們這個世代所認知的偶像，是像貓王艾維斯（Elvis Presley）或是長嶋茂雄這類兼具人氣與實力的人，他們的魅力是無法用其他方式說明的，我們不會將那些陸續從節目中畢業的人氣少女歌手們，都稱為偶像。」（阿久悠《懷抱夢想的男人們——「明星誕生」與歌謠曲黃金70年代》文春文庫／文藝春秋、二〇〇七年、第136頁）

阿久悠誕生於一九三七年。以那個世代的角度來看，偶像必須要具備教主性質，換句話說，必須擁有超越常識那般神祕的魅力，才能夠成為偶像。「花中三人組」宛如鄰家女孩般散發著親近感的魅力，跟偶像簡直是天差地遠。從這層意義上來看，阿久在意想不到之中超越了自己那個世代的價值觀，開創出嶄新的偶像時代。

披頭四的存在可說是介於這之間。他們在貓王之後出道，一九七一年「明星誕生！」這個節目還沒開播之前就造訪日本，對日本人而言是兼具了教主性質與親近感的存在。

在這裡，我們對「偶像」進行稍微嚴謹一點的定義。

雖然我寫到親近感就是魅力所在，但如果用更一般的說法來講，就是「未完全展現出來」的魅力。現狀雖然是「未完成」的狀態，所以才需要努力繼續成長，更上一層樓。我們容易產生共鳴的那種存在，就是日本的偶像。

當我們定調這就是偶像的意義之後，前述的「明星誕生！」就發揮了決定性的功能。身為素人的年輕人從選秀節目之中脫穎而出，直到出道為止的過程，除了歌藝和舞蹈之外，包括外表、表情也隨著變化與成長。日本第一個讓觀眾看到這一連串過程的，或許就是這個節目了。

披頭四身為外國音樂人，對日本人來說，不像從「明星誕生！」出道的歌手那麼具有親近感，所以在上述定義上並不算是偶像。應該說，搖滾樂是過去不存在的新音樂類型，所以披頭四是教主般存在的說法，才比較正確吧！

但是，包含音樂層面在內，披頭四是一個文化現象。披頭四是當時的世界潮流之下，將含有反體制要素的年輕人文化給具體表現出來。彈奏電吉他等樂器的身影，加上被稱為香菇頭的長髮，以及在記者會和專訪時引發熱議的淘氣表現，在在成為日本年輕人懷抱憧憬與認同的存在。

從電吉他熱潮進入GS熱潮

披頭四帶來的巨大影響力，不只是狂熱的粉絲，連表演者也出現了模仿、跟隨他們的現象。

在披頭四造訪日本之前，日本早已掀起一股電吉他熱潮。直接的契機就是一九六五年一月投機者樂團（The Ventures）造訪日本。電吉他極具特色性的狂野聲音風靡一時，同年夏天在「勝出電吉他大對戰」（富士電視台，一九六五～六六年）等業餘樂團比賽節目，再加上該年底由加山雄三和寺內武演出的東寶電影《電吉他的年少將軍》（導演：岩內克己）也跟著大受歡迎。（北中正和《吉他如何改變日本的歌謠——吉他的大眾音樂史》平凡社新書／平凡社，二〇〇二年，第172～173頁）

但是，投機者樂團的音樂類型是器樂曲，換句話說就是只有演奏而已，沒有主唱人。相較之下，披頭四的表演模式是一邊演奏一邊唱歌。電吉他搭配演唱，對當時的日本人來說是相當新奇的組合，也因為披頭四造訪日本這個契機，陸續誕生了模仿這種模式的樂團；這也成了ＧＳ熱潮（Group Sounds，泛指日本的搖滾樂團）的基礎。

ＧＳ熱潮的第一張唱片，是The Spiders（樂團）在一九六五年五月發行的〈FURIFURI〉。唱片雖然是在披頭四樂團造訪日本之前創作，但身兼這首曲子的作詞人與作曲人，同時也是團員之一的釜萢弘，非常了解海外最新的音樂動向。因此，他們選在日本處於投機者樂團這股潮流最興盛的時期，率先推出加入人聲歌唱的樂曲。（同書第186頁）

這其中也包含了 The Spiders 所屬的經紀公司，堀製作所（Horipro）的策略。堀製作所的創始人堀威夫在回憶錄中詳細描述了當時的情況：收到「一個名為披頭四樂團的團體在英國大受歡迎」的消息後，讓堀先生萌生了讓還沒紅的 The Spiders 走披頭四風格路線的想法；於是發行了〈FURIFURI〉這首歌。不過當時依然是流行歌的全盛時代，我們雖然投注了大量心力製作，但是推出帶有濃厚西洋樂色彩的〈FURIFURI〉還是為時過早，所以未能創下好成績。（以上摘錄自堀威夫的著作《永遠的青春：我生命中的 Horipro》小學館文庫／小學館，二〇〇五年）

然而，堀先生站在經紀人的立場，堅持一定要先發行暢銷歌曲才行。於是堀先生向 The Spiders 提案的是，由流行歌曲熱門製作人濱口庫之助來創作新的歌曲〈夕陽在哭泣〉（一九六六年九月）。歌詞將夕陽西下比喻成太陽在哭泣的樣子，歌曲雖然是一首多愁善感的抒情歌，但是曲調依舊是流行歌，這讓 The Spiders 相當不滿意。可是發行之後竟一舉創下銷售超過百萬張的巨大成功，也讓 The Spiders 一躍成為人氣團體。

掌握先機的堀先生，事先早已安排好讓其他GS團體一口氣全部出道的計畫。像是演唱〈亞麻色頭髮的少女〉的 Village Singers、演唱〈小零食〉的 Purple Shadows、演唱〈女朋友〉的 OX、演唱〈等不及迎接早晨〉的 The Mops 等，都是隸屬於堀製作所的藝人。加上渡邊製作所旗下的 The Tigers 和 The Wild Ones，以及 Jackey 吉川和 Blue Comets，The Tempters 等人的加入，讓GS熱潮一口氣到來。（同書第158～159頁）

簡而言之，日本的GS熱潮可說是透過經紀公司安排出來的。在這層意義上來說，GS可說是當時開始席捲全世界的搖滾樂，在脫胎換骨之後，一種商業主義下誕生的產物。

2 曾是「流氓」的GS與追尋「夢想」的傑尼斯

「流氓」代表的GS

雖然GS有著商業主義的成分，但另一方面它又具有突破商業主義框架，展現表象化渾沌能量的魅力。

長年持續研究GS的日本社會學家稻增龍夫表示，GS是「被扭曲的商業主義美學」。在商業主義之下，各種新奇事物互相競爭之下的結果，GS儼然成為當紅炸子雞。例如有一個名叫亞當斯的樂團扮演成神父，以單膝跪地的姿勢演唱名為〈舊約聖經〉的歌曲。其他有名的樂團，像是OX的赤松愛在演唱途中牽連歌迷而暈倒的「演出」也是同樣的邏輯。在商業主義的極致狀態之下誕生的GS，散發出獨特的渾沌魅力，稻增稱之為「無意義的失序狀態」。（稻增達夫&流行樂成癮協會《歌謠曲完全攻略Guide—'68-'85》學陽書房，一九九六年，第21頁）

這種「無意義的失序狀態」是仿效海外搖滾樂運動，音樂得擺脫意識形態和政治取向的束縛，所以可說是一種無原則性的反秩序。從這個意義上來看，ＧＳ就是「流氓」。

由於，日本這個社會很少表現出意識形態和政治取向，所以與其說是社會變革，我認為，ＧＳ應該說是年輕世代對大人世代的對抗。如果以傳統的音樂美學標準來看，電吉他的聲音根本就是噪音，加上偏離「陽剛之氣」標準的長髮等，ＧＳ成為對大人展現叛逆的象徵。

這種世代之間的衝突對立，最終演變成各單位拒絕將場地租借給ＧＳ使用；學校老師在演唱會的會場前驅趕學生，如果學生真的去參加的話就會面臨停學處分。當時The Tigers就參加了某個綜藝節目的現場直播，並與藝文界人士和學校老師等人進行辯論。當時身為隊長的岸部修三（現名為岸部一德）針對來自大人世代的批判時就表示：他們「想成為一個更美麗的大人」。（稻增龍夫《群體聲音文化論——為何無法成為披頭四樂團？》中央公論新社，二〇一七年，第27頁）

由於這些樂團總是在音樂以外的層面受到關注，最終，這股ＧＳ熱潮在短短幾年就結束了。

澤田研二、萩原健一、堺正章，ＧＳ孕育出的「偶像」

然而，ＧＳ卻在娛樂圈留下了巨大的寶藏。日本樂團的音樂走向，從幾年後融合了音樂性和娛樂性的節目「三宅裕司的潮團天國」（簡稱「イカ天」／TBS電視台，一九八九～一九九〇年）的收視熱潮來看，ＧＳ決定了大部分的走向。此外，那些並未隸屬於任何唱片公司底下的作詞家、作曲家崛起，ＧＳ在造就新的音樂產業界趨勢與契機方面，也發揮了重要的作用（阿久悠首次擔任作詞人的處女作，就是在上個章節中提到的The Spiders的唱片〈FURIFURI〉的B面收錄曲）。

此外，也有從ＧＳ發跡進而成為偶像般存在的人。如果要舉出代表性人物的話，像是The Tigers的澤田研二、The Tempters的萩原健一，以及The Spiders的堺正章都是。不需贅述大家都知道，澤田後來單飛成為歌手，萩原轉行當演員，而堺則是成為喜劇演員，他們在在都是風靡一時的人物。雖然每個人領域和表演風格不同，但還是可以從中感覺到上面提到的ＧＳ的流氓性格。

三人之中最容易看出流氓性格的，就是暱稱「小健」的萩原健一吧！尤其是在《滿身傷痕的天使》（日本電視台，一九七四～一九七五年）中，他那種流氓般的帥氣更是令人印象深刻。包含在那之前參與《向太陽怒吼！》（日本電視台，一九七二年開始播出）演出的馬卡洛尼這個刑警角色在內，萩原他反抗大人的同時，兼具粗獷與純真於一身的角色設定，在當時深受年輕一輩熱烈支持。

在這方面，澤田研二和堺正章似乎看不出那麼明顯的流氓個性。然而，他們兩人也完整地承繼了前面所提到的ＧＳ特有的「無意義的失序狀態」。

總是以當時堪稱最新穎的男性妝容登場，而且每首新歌都搭配超乎尋常的服裝和道具等震驚全場的 Julie 澤田研二（最終演變成 TOKIO 在一九八〇年揹著真的降落傘登場），以及在連續劇《時間到了哦》（TBS 電視台，一九七〇年開始播出系列作）的搞笑短劇中，展現宛如塑膠一般的身體技能，以「無意義的乾笑表情」活躍在電視圈的堺正章。他們兩位都打破一直以來的認知，展現「無意義的失序狀態」下的流氓特性。

初代傑尼斯的軌跡

另一方面，雖然受到ＧＳ熱潮的擺佈，但傑尼斯在與其對抗的同時，也確立了自己的路線。

傑尼斯事務所成立於一九六二年。創始者強尼喜多川成立事務所最直接的原因，就是當時看了剛在日本上映的美國音樂電影《西區故事》（West Side Story，導演：勞勃・懷斯／傑羅姆・羅賓斯，一九六一年）。他在一九三一年出生於美國洛杉磯，很早就接觸了純正的娛樂產業，也實際在當地學習了一段時間。這種長久以來的憧憬，在看了《西區故事》之後具體成形。

當時的強尼喜多川和四位少年（真家弘敏、飯野修實、中谷良、青井輝彥）一起觀看這部電影，他們是國中同學，也是當時強尼喜多川旗下的少年棒球隊「傑尼斯少年棒球隊」的隊員。他們看了這部電影之後也對音樂懷抱著夢想，於是在一九六二年四月組成了一個團體。這點成為傑尼斯歷史的出發點，初代傑尼斯的誕生。（雖然團名只是單純稱為「傑尼斯」，為了與整體性的傑尼斯作區別，接下來依照慣例會以這個名稱來稱呼他們。）

同時期，娛樂圈還有橋幸夫、舟木一夫、西鄉輝彥的「御三家」等其他十幾歲的男性歌手。但是如果說到「邊唱歌邊跳舞」的話，情況就不同了，尤其是「年輕男性唱歌跳舞」這件事在當時的娛樂圈裡是極為罕見的。傑尼斯本來就定調以音樂劇為目標，所以「會唱跳」儼然成為流行歌曲界獨一無二的強項。

在這種新鮮感的助益之下，初代傑尼斯囊括了廣大年輕女性的支持並且走紅。他們早已參與 NHK 的招牌綜藝節目「在夢中相會」（一九六一～一九六六年）的演出，並靠著該節目「本月的歌」單元中演唱的〈年輕的眼淚〉一曲，於一九六四年十二月正式出道。隔年的一九六五年底，終於在「NHK 紅白歌唱大賽」（一九五一年～現在）首次登場。

儘管如此，對強尼喜多川和初代傑尼斯而言，最大的目標自始自終都是成為音樂劇明星。

在當時日本的流行歌業界，憑藉著參加「紅白」打響的知名度，一口氣在日本國內鞏固地位並且尋求爆發性的發展，幾乎可以說是非常普遍性的想法。但是他們並沒有這麼做。隔年一九六六年八月，他們為了接受正統的舞蹈課程，毅然而然決定遠赴美國。

在美國的這段期間，雖然有在美國發行唱片正式出道的絕佳機會，可惜最終並沒有實現。（當時預定收錄在唱片中的歌曲〈Never My Love〉由其他歌手演唱，並且獲得全美第一，這件事讓強尼喜多川在多年後依然懊悔不已。）由於經歷過這些事情，初代傑尼斯直到一九六七年一月才返回日本。

3 「王子」Four Leaves與強尼喜多川的哲學

GS與傑尼斯，基本路線的對立

初代傑尼斯於一九六四年發行唱片出道，還參加了「NHK紅白歌唱大賽」。但因長期旅居美國，在回到日本之際，迎接他們的卻是已成為社會現象的狂熱GS熱潮。初代傑尼斯因為被捲入這場風暴之中，最後於一九六七年十一月宣布解散。

這部交接劇碼不僅僅是一場人氣之爭，更可以看出身為偶像的基本路線對立，並大大影響了之後男性偶像的歷史。

其中之一就是像GS那樣「邊唱歌邊演奏」，或是像傑尼斯那樣「邊唱歌邊跳舞」，這當中也包含了素人和專業人士之間的對比。

如前面所述，電吉他熱潮同時也帶動了業餘樂團活躍的熱潮。當然，專業人士和業餘愛好者在演奏技巧上還是有一段差距。不過，當一般素人愛好者也可以輕鬆地開始演奏樂器，這是一項劃時代的改變。（在這股趨勢之下，隨著一九七〇年代吉田拓郎和井上陽水等人出道後，帶動的當代民謠風潮又更進一步擴展。）

然而，舞蹈在這個時代仍然由專業人士壟斷。尤其，要學習像音樂劇這類娛樂產業的專門舞蹈，仍需要特別的專業培訓。初代傑尼斯在強尼喜多川的經營和安排演出之下，可說是充分發揮了自身的特權。不過，為了進一步鞏固這項優勢而前往美國這件事，身為一個偶像，卻是沒有必要的。

從這裡也衍生出了一項基本路線的對立。

如上一節所述，讓GS看起來具有吸引力的原因就是流氓性格。雖然它包含了那個時代特有的反體制情緒在內，但原先的政治色彩最終還是削弱了，發展成一種「限定在娛樂性質內」的類型。這個部分後續還會再詳加敘述，同時「不良少年」、「非行少年」、「調皮搗蛋」這些在日後男性偶像史上登場的角色，也都是在這裡定調的「流氓」形象的各種變化體。

將電視納入盟友的「王子」Four Leaves

相較於此，強尼喜多川為了與ＧＳ徹底區隔開來，祭出了將傑尼斯的藝人打造成健全的偶像，也就是「王子」這個理想形態的戰略。

這個戰略的具體呈現，就是初代傑尼斯的師弟Four Leaves（フォーリーブス）。例如，Four Leaves強調學業優先於工作的方針。即使排定了工作，必須要去學校的成員仍以學業為優先，其他成員則繼續工作。這一點與被學校抵制的ＧＳ在立場上形成鮮明的對比。

此外，在舞台演出方面也刻意強調與ＧＳ的差異。當時，他們和ＧＳ共同參加日本劇場西部嘉年華，即使是在那個時候，強尼喜多川還是沒有打破自己的原則，透過迅速更換表演服裝，以及從舞台上方以盪鞦韆方式登場等美式華麗風格，強調 Four Leaves 閃閃發光的王子形象。

其實從初代傑尼斯的時代開始，課業優先的方針和美式舞台演出等政策就已經存在。一開始就提到，基於初代傑尼斯時代受到的經驗教訓，Four Leaves 的戰略獨特之處就是對電視的重視。

Four Leaves 不僅活躍在音樂節目中（自一九七〇年開始連續七次在「紅白」登場），還積極地參與綜藝節目演出。四位成員發揮了各自的個性和特長：青山孝擅長唱歌、北公次擅長跳舞、江木俊夫擅長主持、織茂政夫擅長搞笑。他們擔綱包括「白金黃金秀」（日本電視台，一九六六年開播）和「歡唱吧！耶耶！」（東京12頻道／現為東京電視台，一九七二～一九七五年）等綜藝節目的主要成員。這種在個人和團體之間取得平衡的基本原則，也成為現在的傑尼斯成員運作型態的原型。

話說回來，電視要求的就是健全性。因為它與電影不同，電視是深入普通家庭日常生活的媒體。Four Leaves 除了透過綜藝節目的演出拉近與觀眾之間的親近感，同時也在音樂節目和舞台表演、音樂劇中完全展現他們的王子魅力，可說是有著「親切的王子」並構築其獨特的地位。

強尼喜多川哲學下的「少年」的意義

然而，傑尼斯這種「王子」路線和強調其健全性，並不是只針對GS而祭出的銷售戰略。它的根源其實是源自於強尼喜多川個人的哲學，決定性的關鍵就是：他曾經兩度經歷的戰爭體驗。

第一次是在第二次世界大戰末期，在和歌山遭逢的空襲體驗。

一九三一年出生在美國的強尼喜多川，因為美日關係惡化而返回日本。接著在戰爭末期，被勒令疏散的強尼喜多川碰巧在造訪和歌山市的時候遭逢美軍空襲。根據日本內務省的報告顯示，那是一次非常大規模的空襲行動，造成超過一千兩百人死亡，超過三萬一千戶房屋被燒毀。強尼喜多川生前曾經在一次電台節目中提到，他在落下的燃燒彈之間拚命逃竄，心中一直懷抱著「應該在美國的我居然落得如此下場……」這種憤慨的心情。（「蜷川幸雄的跨界談話」NHK 電台第 1 台）

至於另一次戰爭體驗，則是一九五〇年代的韓戰時期。

同時擁有美國國籍的強尼喜多川曾經從軍，並在韓國擔任教導戰地孤兒英語的任務。在那裡與成為戰爭受難者的少年們互動的經驗，讓他懷抱著一種使命感。回到日本後，在駐日美軍相關單位服務的強尼喜多川，為了帶給那些仍然存在著戰爭記憶的日本少年們希望，於是在入住的駐日美軍宿舍設施「華盛頓高地」的球場，成立了一支名為傑尼斯少年棒球隊的少棒隊，而且強尼喜多川與四位初代傑尼斯，就是在這個棒球隊相遇的。

透過這兩次戰爭體驗，可以看出強尼喜多川本身就宛如是戰後史裡的人物。戰爭的結果，導致他對美國懷抱著複雜的情感。對強尼喜多川來說，他出生的美國就是娛樂事業的大本營，這是不變的目標和憧憬。但是另一方面，在和歌山經歷的那場空前的空襲體驗告訴他，美國對他來說根本就是外國，這種時候他不得不意識到自己是一個日本人。

換句話說，強尼喜多川不完全屬於美國，也不完全屬於日本，而是夾在美國與日本之間生存。最後背負著日本和美國的雙重身分，名叫強尼喜多川的這個人是如何活著的？這件事變得非常重要。

相信，強尼喜多川終其一生信奉「少年」的存在，一定有其原因。

他本身在少年時期遭受空襲，在韓戰期間教導韓國少年英語，並在日本組了一支少年棒球隊。透過這些事情，他的個人哲學中「個人如何生存」這個大命題，藉由「少年如何健全成長」這樣的「王子」路線，成為具體化的主題。一九六九年由 **Four Leaves** 主演並首次演出，在二〇一〇年代復活，二〇一九年又被翻拍成電影的原創音樂劇，片名就叫《少年們》，即是個不爭的事實。

因此，即使不見得全是如此，傑尼斯的舞台以「少年」為主角，也強烈地展現出強尼喜多川的個人哲學。另一方面，因為不成熟所以努力求進步，換句話說就是身為「成長中的少年」的男性偶像能獲得成功，很大的部分取決於他們在電視上的成功，

Four Leaves 也是如此。事實上，Four Leaves 的師弟鄉廣美的成功，顯示傑尼斯在男性偶像的世界中占有很強大的地位。

下個章節，再一同來聊聊包含鄉廣美在內的「新御三家」時代。

第二章

「新御三家」的時代：一九七〇年代的大規模拓展

上個章節，我們探討了一九六〇年代的ＧＳ和傑尼斯之間存在著「流氓」和「王子」這兩大男性偶像類型的原點。在這一章，則先回顧代表同時期歌壇的「御三家」，並追溯從七〇年代的「新御三家」出道後，進入真正的偶像時代的這段過程。

1 「新御三家」登場與音樂節目「深夜的熱門錄音室」

「御三家」活躍的一九六〇年代

我不知道這是不是日本獨有的，「三」這個數字往往就代表整個領域，在娛樂圈這個領域中也是如此。以女歌手來說，「三人娘」（美空雲雀、江利千美、雪村泉）和「新三人娘」（小柳留美子、南沙織、天地真理）立刻浮現在腦海中。

在男歌手中，一九六〇年代前半登場的橋幸夫、舟木一夫、西鄉輝彥，統稱為「御三家」。他們三位都在出道那一年獲得了唱片大賞的新人獎，並在「NHK紅白歌唱大賽」中首次亮相，之後長期活躍在歌壇之中。

橋幸夫的出道曲是一九六〇年的〈潮來笠〉，在流行歌曲的類型是旅人之歌，也就是一首描寫不學無術之人從一段旅程連結到另一段旅程的歌曲。如果只是這樣解讀它的話，實在沒有新奇之處。

但是，假設請同領域的大師三波春夫，活用他身為浪花曲師的經歷，想必可以唱出波瀾萬丈的感覺。相較之下，橋幸夫則是以清新脫俗的方式演唱〈潮來笠〉，帶給大家一種新鮮感。這也不是沒有道理的，畢竟出道當時他才十七歲。

隨著〈潮來笠〉大受歡迎，橋幸夫迅速進入明星歌手之列。一九六二年，他與同為作曲家吉田正旗下的女星吉永小百合一同演唱〈一直在夢裡〉成為空前暢銷的熱門歌曲，並獲得日本唱片大賞肯定。四年後的一九六六年，他靠著〈霧冰〉一曲，成為當時史上首位二度獲得日本唱片大賞的人。

舟木一夫於一九六三年出道，靠著出道曲〈高校三年生〉瞬間爆紅。

「舟木一夫」是由作曲家，同時也是他的老師．遠藤實進行命名的，但這個藝名原本是為當時師事遠藤實的橋幸夫所準備的。（長田曉二《歌謠曲的趣聞故事》現代

教養文庫／社會思想社，二〇〇二年，第178～179頁）

舟木一夫唱出大多數人都有特別懷舊情懷的學生時代，以「青春歌謠」歌手之姿聲名大噪，演唱〈高校三年生〉的時候還特別穿著校服。此時，舟木才十八歲，但有一點小小不同的是，出道當時他已經高中畢業了。換言之，學生服只不過是單純的「表演服裝」而已。而且在〈高校三年生〉之後，他又陸續演唱了〈畢業旅行〉、〈學園廣場〉等經典校園歌曲。

接著是西鄉輝彥，他在一九六四年以〈只有你〉一曲出道。出道當時是十七歲，而他也隨著這首歌的爆紅，很快進入明星殿堂。

西鄉的歌曲大都充滿熱情，唱歌時的動作更是亮點之一。他的代表曲是一九六六年發行的〈星之佛朗明哥〉，歌曲以佛朗明哥舞蹈風格進行編曲，唱著「我就是～喜歡～」同時搭配自身拍手的舞蹈造成大流行。在現在看來並不是什麼特別華麗的動作，但是在那個歌手站得直挺挺唱歌被視為理所當然的年代，加上舞蹈後卻是非常新鮮的表演。

就這樣，路線不同的橋、舟木、西鄉等三人被稱為「御三家」，成為一九六〇年代的代表性流行歌手。

一九七〇年代，進入真正的偶像時代：「新御三家」登場

在這裡想探討的是「御三家算不算是偶像歌手」這件事。

說到偶像歌手，相信很多人腦中都會浮現出受到同世代的異性，狂熱般支持的年輕歌手吧！在這種情況下，年齡就會成為判斷是否為偶像歌手的標準。如果是這樣的話，都是在十幾歲出道的「御三家」的確符合身為偶像歌手的條件。因為他們三人都是替同世代歌迷的青春，增添豐富色彩的偶像歌手。

但是，對照本書的邏輯來看，就算「御三家」是「年輕人」，如果將重點放在讓大家看到成長過程這一點的話，他們並不算是「偶像」。

正如我在上個章節中提到的，我們現在所說的「偶像」不僅僅是年齡的問題，而

是必須存在著一段展現出努力和成長的過程。比如說，身為一九九〇年代至二〇一〇年代的代表偶像SMAP，就是超越年齡界限，有著一個很好示範的偶像。

也就是說，雖然在某些方面不成熟，但是保留成長空間的「未完成魅力」更勝一籌，然後隨之而來的是，各自保有最真實的部分並展現魅力，這也變得很重要；這就是我們口中的偶像。從這層意義來看，嚴格說來真的很難將「御三家」定義為偶像。

這種意義上真正的偶像開始出現，是在一九七〇年代。這是因為，當時「電視」發揮了很重要的作用。如前面所述，選秀節目「明星誕生！」逐一呈現出普通少男少女，到以歌手出道為止的一段成長過程。這個節目，讓日本人對這樣的偶像時代到來，留下深刻印象。

野口五郎、西城秀樹、鄉廣美所構成的「新御三家」，也在那個標榜新時代到來的一九七〇年代初期相繼出道。剛好是同年級的三個人，雖然不是從「明星誕生！」中出道的，但是他們不僅身為歌手，也在連續劇和短劇等各個領域中發展，並且展現成長的過程和最真實的一面。基於這層意義，從偶像史的角度來看，「御三家」和「新御三家」之間似乎存在很大的斷層。

電視普及和流行歌曲的活性化

然而，「御三家」和「新御三家」都存在著一個共通點，那就是：都是在歌唱界，隨著電視普及而活性化的時代中發光發熱。如各位所知，像是一九五九年日本明仁皇太子結婚，一九六四年舉辦東京奧林匹克運動會等全國性活動的帶動之下，讓電視迅速普及，成為日本人的日常生活娛樂重心。

如果拿「NHK紅白歌唱大賽」的收視率為例就很容易理解了。「紅白」史上最高收視率是一九六三年的81.4％（根據Video Research調查的關東地區家庭收視率。以下也出自同份資料），但是並不是只有這一年特別突出。從六〇年代前半到七〇年代之間，「紅白」的收視率幾乎維持在70％左右，甚至有好幾年超過80％。此外，從一九六九年開始，電視台也將日本唱片大賞的直播移到除夕這一天，與「紅白」並列為年底的例行性活動。這一年的日本唱片大賞收視率從前一年的10.3％躍升至30.9％，一九七七年更是創下高達50.8％的記錄。

這段期間，不僅是在媒體上，在日常聊天裡，人們也會討論到底是誰可以獲得今年的大獎，成為一個普遍性的話題。換句話說，那個時代的流行歌曲對我們來說已經成為非常貼近生活的存在。電視成為中間的媒介，電視和歌唱界之間儼然存在著一體同心的關係。不只是在年底，黃金時段（晚上七點至晚上十一點）各家電視台都會固定播出音樂節目，而且每個節目都很受歡迎。

「御三家」和「新御三家」都活躍在這樣的時代。不過，到了一九六〇年代後半，出現了另一種新型態的音樂節目。歌手不僅要演唱自己的歌曲，還被要求必須展現出其他部分的能力。

「深夜的熱門錄音室」帶來的偶像時代

一九六八年開播並成為長壽節目的現場直播音樂節目「深夜的熱門錄音室」（夜のヒットスタジオ／富士電視台，一九六八～一九九〇年）就是這類新型態音樂節目

的先驅。這個節目與以前的音樂節目有很大的差異。具體來說，不只是讓大家聽歌，更試圖把焦點放在歌手的人格和個性上。

前田武彥和芳村真理的主持功力一流，他們不只維持節目進行，更透過與歌手的對話呈現出歌手的真實面貌。每次節目的開場，都會請當天參與演出的歌手演唱其他歌手的副歌部分，並以接力形式相互介紹。有時，甚至會出現歌手因為是唱其他人的歌，而唱錯或是忘記歌詞的窘境。在那個瞬間，歌手會展露出平常不會表現出來的表情，而且在某個「親朋好友無預期突然出現」的見面單元，以及「透過電腦選擇情人」的企劃單元等，也都達到了這樣的目標。尤其是在戀人選拔的單元中，公布被排除的意中人姓名時，女歌手不由自主哭泣的場面成為時下熱議的話題。

對於偶像歌手而言，這些呈現真實面的訴求變成了重要魅力所在，節目儼然成為可以讓自己更加耀眼的地方。「新御三家」的每位成員都排在「深夜的熱門錄音室」的累積演出次數前十名，當然也從中受益。

換個角度來看，讓「御三家」與「新御三家」產生斷層的重要原因，「深夜的熱門錄音室」這類新型態的音樂節目具有決定性的意義。再加上「明星誕生！」這類選秀節目的出現，偶像存在這件事，對日本人來說已經變成非常熟悉和親近的一回事了。下個章節中，我想詳細描述代表這個時代的男性偶像「新御三家」裡面的野口五郎和西城秀樹這兩位。

2 野口五郎與西城秀樹：截然不同的兩位偶像

從演歌轉換跑道至流行音樂的野口五郎

野口五郎生於一九五六年，從小就喜歡唱歌，也曾經在歌唱比賽節目中贏得優勝。在他心中燃起了成為歌手的夢想，是他還是一名國中生的時候，從岐阜縣搬到了東京，以歌手身分出道為目標持續不斷地練習。（野口五郎《悲傷的盡頭》立風書房，一九七五年）

這個夢想在他十五歲的時候實現了。一九七一年他以一首〈博多未練〉的唱片出道，達成了夢寐以求的夢想。但是，這首歌從歌曲名稱就可以想像得出來是一首演歌。

根據他本人的回憶，野口特意挑在知名的博多DONTAKU（どんたく）祭典期間舉辦宣傳活動，造訪福岡。他到街坊好幾十家的小吃店演唱他的出道曲，卻也嚐到了被顧客潑啤酒的屈辱。還有，原先以為是特地前來聽歌的顧客，結果後來才得知，顧客其實是因為當天森進一演唱的大歌舞廳客滿了，不得已只好來這裡聽歌，這件事讓他感到非常難過。（同書第60～63頁）

就這樣，野口五郎出道的當時，還處在舊時代的歌壇裡掙扎，但是他轉換路線也非常明顯。野口五郎轉向流行音樂路線推出的第二首歌曲〈青蘋果〉（一九七一年）之後，便大受歡迎。從那時候開始，展開了他身為偶像歌手的職業生涯。這件事，充分顯示出當時的歌壇正處於變革時期。

〈青蘋果〉的作詞人是橋本淳，他因為曾經創作Jackey吉川和Blue Comets的〈藍色城堡〉等ＧＳ膾炙人口的歌曲而聞名。作曲家則是筒美京平；筒美與橋本的組合何曾推出Village Singers的〈玫瑰色的雲〉等ＧＳ作品嶄露頭角，另外他們合作推出石田步美的〈藍光橫濱〉，以及與阿久悠合作推出尾崎紀世彥的〈直到我們重逢那一天〉

等作品，都充分發揮出對西洋音樂的深厚造詣，成為當時流行音樂界的熱門製作人。

這現象顯示了在流行歌曲界，自由作家的崛起。在那之前的流行歌曲界，強制要求唱片公司必須與作詞家和作曲家建立專屬制度。然而，隨著ＧＳ熱潮下對樂曲的量產需求大增，處在這種專屬制度範圍之外的自由作家開始陸續嶄露頭角。

野口五郎的「纖細溫柔」

野口五郎的軌跡，完整體現了流行歌曲界的轉換期，而且不只是從出道時的演歌路線轉向至流行音樂的路線變更而已。

〈甜蜜生活〉（一九七四年）是他第一次在 Oricon 週單曲排行榜獲得第一名的歌曲，山上路夫的歌詞唱出了決定結束與戀人同居生活的男性心聲。接下來的作品〈私鐵沿線〉（一九七五年）創下連續在 Oricon 週單曲排行榜上維持第一名的記錄。該單曲也是由山上作詞，但這次則是唱出沉浸於過往與戀人在私鐵沿線街道的回憶，刻畫出男性的內心風景。

這些代表歌曲充分展現了野口的細膩音質和穩定的演唱能力，可說是將當時流行的民謠歌曲精髓，融入到流行歌曲中的作品。雖然這些歌曲都不是由民謠音樂家所創作、提供，卻也讓人們聯想到膾炙人口的南高節與輝夜姬的〈神田川〉（一九七三年）等細膩描繪日常生活的民謠世界，尤其是在歌詞描繪方面更是如出一轍。從這裡也可以看出，流行歌曲界在轉換時期對於新趨勢所做出的行動。

然而野口本身對吉他十分嫻熟，同時也對最新海外音樂動向相當敏感，是一位具有音樂家氣質的人。但是在那些代表歌曲的印象之下，他早已經被社會定調成是一位心思細膩的溫柔青年和文藝青年（還有一首歌叫〈武藏野詩人〉）形象，源自GS潮流而成為年輕人時尚主流的長髮造型，在他身上與其說是「流氓」，更成為強調「溫柔」的要素。

西城秀樹的「搖滾狂野」

說到長髮，西城秀樹也是如此。但是相較之下，西城秀樹反而更加強化了「狂野」的印象，這其中也包含他的音樂背景在內吧！

西城秀樹，一九五五年出生於廣島縣。受到家庭的影響，從小就熟悉西洋樂，早在小學生時期，他就已經與哥哥組成樂團。之後也持續於樂團活動，開始在岩國基地等美軍基地演奏。同時他也積極地吸收最新的西洋樂知識，尤其是齊柏林飛船（Led Zeppelin）等披頭四樂團之後的搖滾樂的欣賞，對他的音樂活動產生很大的影響。

隨後，西城被星探找上移居東京，於一九七二年以〈戀愛季節〉一曲出道，並直到發行第五張單曲〈激情風暴〉（一九七三年）之後，才首次進入Oricon週單曲排行榜前十名。他曾回憶道「至此完成了我的形象」。（《歌謠流行紀事——熱愛美妙的流行歌》特集／Aspect，一九九八年，第137頁）雖然這首歌曲的搖滾色彩相當濃厚，但是當西城唱到「如果你期望的話～」歌迷就會熱情地連聲呼喊「秀樹！」來回應，是一首非常符合偶像的歌曲。

在偶像層面的意義上，從這首歌開始，動感的編舞魅力成為西城的代名詞，並獲得歌迷廣泛的認可。這股魅力在經歷了〈薔薇之鎖〉和〈激烈的愛情〉（皆為一九七四年）之後，一九七九年翻唱的熱門暢銷金曲〈YOUNG MAN（YMCA）〉，以歌曲標題YMCA來編舞的動作，更是讓狂野魅力達到了顛峰。

同時，他在充滿戲劇性的抒情歌曲演唱也發揮了自身魅力，像是加入對白的〈撕裂的愛〉（一九七三年）和代表曲〈滿是傷痕的蘿拉〉（一九七四年）等唱將型的歌曲中，豐沛的嗓音加上爆炸的情緒，都讓聽眾大為感動。

搖滾與偶像共存的「流氓」西城秀樹

但是無論如何，西城秀樹一貫追求的就是融合流行歌曲和西洋樂，尤其是搖滾元素的高品質「搖滾流行樂」。和有著同樣方向性的澤田研二一樣，他與自己的搖滾樂團一起演唱，這在當時是很少見的。即使是〈滿是傷痕的蘿拉〉這樣的抒情歌曲，正如他本人所說的：「宛如巧妙融合西洋樂和日本旋律一般，具有獨創性的旋律。」（同書第137頁）

西城秀樹最有趣的地方在於，他打從心底熱愛搖滾樂風格，同時也影響了當前的偶像文化，成為新型態的開拓者。前面提到的粉絲呼口號和編舞動作就是其中的一部分。此外，他也被認定是現在偶像活動裡不可或缺的手電筒（螢光棒）等應援方式的先驅。而且他在體育場舉辦演唱會，使用纜車和吊車同步演出等舞台效果，對當前的偶像文化影響很大。

在這個背景之下，流行歌曲本身也和野口五郎一樣產生變革，特別是「搖滾流行歌」這個表現方式。經過GS熱潮的洗禮後，流行歌曲已將搖滾的元素融入到自身當中，因此搖滾樂和偶像是可以共存的。西城秀樹就是少數能體現這種可能性，並讓它開花結果的歌手之一。我們可以說，就是因為西城的存在，才有日後「搖滾御三家」（Char、原田真二、世良公則&Twist）的熱潮，以及搖滾樂的普及吧！

西城秀樹因為承繼了ＧＳ路線，於是被定位為「流氓」類型的男偶像正統繼承人。從這一點來看，他演出當時人氣劇畫改編的電影《愛與真誠》（導演：山根成之，一九七四年）中的流氓主角大賀誠，也是必然的事。

3 鄉廣美、「新御三家」在偶像史的意義

繼承「王子」流派的傑尼斯偶像：鄉廣美

如果說西城秀樹是男性偶像中「流氓」類型的後繼者，那麼另一個定位在「王子」類型的就是鄉廣美了。將鄉廣美認定為傑尼斯旗下藝人中，「王子」偶像的原點，也是無可厚非的。

一九五五年出生的鄉廣美，是強尼喜多川自行挖掘的少數藝人之一。（鄉廣美《20歲的微熱》Leo books／Leo 出版，一九七六年，第49～50頁）他被星探挖掘是在一九七一年的事，隨後演出 NHK 大河劇《新・平家物語》（一九七二年），之後在一九七二年以〈少男少女〉一曲正式出道。發片後立即進入 Oricon 週單曲排行榜前

十名。他雖然是「新御三家」之中最後出道的，但是從這裡看起來卻是最早走紅的。

這個過程，可說是現在也通用，並發揮作用的傑尼斯事務所獨有的培訓系統吧！從「鄉廣美」這個藝名的由來就說明了這一點。

如各位所知，傑尼斯事務所將出道前的旗下藝人統稱為「小傑尼斯」。他們靠著擔任已經正式出道的前輩團體的舞者，一起登上舞台。這不僅僅是為了累積經驗，也是為了從出道前的階段，開始培養熱情的粉絲。

這個機制，從傑尼斯事務所的草創期就已經存在。上一章提到的 Four Leaves 在出道前就已經參與初代傑尼斯的表演，而鄉廣美也跟 Four Leaves 一起站上了那個舞台。

這是發生在某一天的事。出道前的鄉廣美，以本名原武裕美的名義站上 Four Leaves 的電視節目舞台，這是他以歌手身分初次登台。就在那個時候，會場的女性們齊聲喊著「Go! Go! Go! Go! Let's Go Hiromi……」「感覺就像是沐浴在節慶花火之中。」對此，他感到又驚又喜，於是決定依據 GO 這個發音，將藝名取為「鄉廣美」（ごうひろみ／GoHiromi）。（同書第67～68頁）

前面有提到，西城秀樹演唱時粉絲們會回應呼喚，但在這裡，我們更戲劇性地呈現出偶像的存在是「由粉絲們所創造出來的」這件事。粉絲們與實際存在卻又活在虛構中的偶像之間，這個獨特存在的誕生，有著深切不可分割的關係。就在這種情境下，一位名叫原武裕美的少年，感受到粉絲呼口號的儀式之後，重生成為一位名為「鄉廣美」的偶像。

當中，像這樣具粉絲主導度很高的偶像，就會有著如「王子」一般的存在。鄉廣美並不是一開始就成為「王子」，而是因為發現粉絲們這樣認定他並支持他，才逐漸意識到自己的「王子」地位。

鄉廣美的「中性美」

出道曲〈少男少女〉也可說是支撐鄉廣美「王子」地位的重要歌曲。當時擔任唱片錄音師的酒井政利表示，他被鄉廣美「不是男性也不是女性的中性美」所吸引。〈少男少女〉就是想表達這樣的感覺。（酒井政利《偶像的素顏——我所孕育的明星們》河出文庫／河出書房新社，二〇〇一年，第81頁）

依據酒井的說法，出道當時的鄉廣美「還是一個有點胖並殘存稚氣的男孩子，但他的眼神絕對不是孩子的眼神。用一句話來形容，就是宛如大海一般的眼神，讓人感覺他在思考著什麼，而且他很文靜，完全沒有露出任何想取悅別人的笑容，是這樣的一個男孩。」（同書第81頁）。

酒井將這種魅力用「不舒服」來形容。或許，這是酒井用他個人特有的表達方式，說明「鄉廣美」這個「王子」般的偶像超越男性或女性、兒童或成人等性別與年齡的刻板印象吧！

說到「超越既有性別框架」的娛樂產業這一點，寶塚歌劇團也有類似的部分。事實上，〈少男少女〉的作詞人岩谷時子就與越路吹雪有著盟友關係，她擁有曾經在寶塚歌劇團出版部工作的經歷。

在那之後，岩谷參與了〈赤裸的維納斯〉（一九七三年）和〈花與蜜蜂〉（一九七四年）等鄉廣美早期許多熱門歌曲的製作。在這樣的日積月累之下，（雖然這不是岩谷寫的詞）〈哀愁請指教〉（一九七四年）首次發行就登上 Oricon 週單曲排行榜第一名，這對鄉廣美和傑尼斯來說都是第一次。

話說回來，當初強尼喜多川就是為了成立男版寶塚進而設立了傑尼斯事務所。不難想像鄉廣美被賦予了高度期待，成為實現「王子」的理想人才。但是在一九七〇年代中期，鄉廣美宣布獨立並跳槽到其他藝能事務所，導致強尼喜多川不得不中斷他的理想實現。

絕妙平衡的「新御三家」

包括上一節提到的內容，我想以稍微全面性的觀點來探討「新御三家」。雖然他們所屬的經紀公司各不相同，但是三個人各有特色，達到完美的平衡，讓「新御三家」看起來就像是一個團體。

首先，在音樂方面，野口五郎和西城秀樹形成鮮明的對比。如果說野口是巧妙地將民謠元素融入，替歌曲增添新的色彩，那麼西城秀樹則是以搖滾樂為基礎，將西洋音樂的精髓帶到歌曲之中。

與演歌的五木寬之和森進一並列，當時在歌謠界被稱為「四天王」的布施明和澤田研二之間的關聯性也很類似。布施明自己彈奏木吉他，演唱民謠作曲家小椋佳製作的〈仙客來的香味〉（一九七五年）而走紅。澤田則是安排自己的搖滾樂團在身後演唱，搭配讓所有人為之驚嘆的服裝和妝容，持續在流行歌曲領域中強烈主張採用搖滾樂的表演方式。我們可以說，野口五郎和西城秀樹就是以這樣的方式在偶像領域中追求理想的音樂。

至於，西城秀樹和鄉廣美則是展現出本書中不斷提到的男性偶像「流氓」與「王子」之間的對比形象。如果西城是「流氓」的話，鄉廣美就是「王子」。

不過，到了一九七〇年代，隨著時代的發展社會也產生了一些變化。例如流氓性已經不像ＧＳ那樣被認定為是社會問題，而是當成偶像的個性之一進而被社會所接納。像是對西城秀樹使用「狂野」這個形容詞，就是將「流氓」轉化為正向積極的最佳例子。

「王子」這個名詞原本給人一種遙不可及的印象，但是在電視普及的時代，就被重新詮釋為身邊親近的人。從酒井政利形容鄉廣美是「中性美」，就可以解讀出來。這種「中性美」帶有一點遠離塵世的感覺，被觀眾視為是一種有趣的魅力，因此讓鄉廣美本身更加活躍。他與樹木希林合唱的〈鬼怪搖滾〉（一九七七年）和〈林檎殺人事件〉（一九七八年）就是這種典型，兩首歌都是他們參與演出的 TBS 喜劇 MU 系列作品中的歌曲。

不只鄉廣美，「新御三家」在日本電視台的綜藝節目「神樂金大放送!!」（一九七五～一九八六年）中的招牌短劇也各自展露專長。如果說鄉廣美展現出角色獨特的趣味，那麼野口就是擅長講雙關語，西城則是擅長模仿，三個人各有各自的專長和特色。

一九七〇年代偶像歌手仍是異端

由於每個人不同的個性差異所帶來的加乘作用，隨著一九七〇年代「新御三家」登場，男性偶像的世界一口氣蓬勃發展，日本正式進入偶像的時代。像是〈青色麥子〉（一九七二年）的伊丹幸雄、〈海豚上的男孩〉（一九七三年）的城直夫、〈焦慮的17歲〉（一九七四年）的相崎進也等人，都是這個時代的男性偶像歌手。這個時期「新御三家」所打造的男性偶像的形象成為現代男性偶像的基礎，這麼說一點也不為過。

然而在當時的流行音樂界，偶像歌手的存在仍然被認為是異端。大眾普遍抱持著「他們是尚未發展成熟的歌手」這種否定的看法，因此偶像歌手必須成為「成年歌手」才能被認定是成熟的歌手。即便「新御三家」的歌唱功力完全不遜於其他「成年歌手」，但社會還是會用「身為一個偶像~」這樣的陳詞濫調來評論他們。

在這樣的情況下，「新御三家」還是跟其他人一樣，隨著資歷的累積，發行「大人的歌曲」，企圖蛻變為「成年歌手」。雖然在當時這是「常識」，但這也意味著他們實際上已經遠離了偶像應有的既定存在方式。

另一方面，也有認定男性偶像是「永遠的偶像」的觀點，那就是從一九六〇年代到七〇年代之間，大受歡迎的校園連續劇。它是年輕演員邁向成功的登龍門，從那裡陸續誕生了如偶像般存在的人們。下個章節，我們把焦點轉移到這一塊。

第三章

校園連續劇與「搖滾御三家」：一九七〇年代的多樣化

上個章節中，我們探討了野口五郎、西城秀樹、鄉廣美的「新御三家」各自的特色，以及他們在男性偶像史上所扮演的角色。另一方面，同樣在一九七〇年代，不只是歌手，還有從校園連續劇中誕生的偶像，以及來自搖滾樂領域的偶像。這個章節就來追溯他們的發展歷程吧！

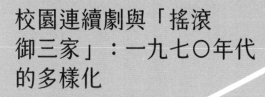

1 森田健作與校園連續劇的偶像化

《青春是什麼》出人意料的成功

雖然日本現在也持續製播著校園連續劇，但在一九七〇年代，校園連續劇通常安排在黃金時段播出，熱度應該更勝現在。就像在歌手的世界裡「新御三家」之前有「御三家」存在一樣，校園連續劇也從六〇年代開始展開它的歷史。

當時，盛大開創出校園連續劇這個領域的是日本電視台。娛樂業界有「電視電影」這樣的說法。意思是以電影的劇組為主，使用電影的拍攝手法來製作電視劇。一九五〇年代，在電視發展的黎明期，像是《獨行俠》、《我愛露西》等由美國製作的電視電影獲得廣大觀眾支持。但是到了六〇年代，這風氣卻因為種種原因而式微。取而代之，日本製作的電視電影反而聲勢高漲，其中之一就是日本電視台的「校園青春物語」系列作品。

第一部作品是《青春是什麼》（青春とはなんだ／一九六五～一九六六年），改編自石原慎太郎的同名小說，主角由當時東寶的明星夏木陽介擔綱演出。夏木飾演從美國海歸的新任老師野野村健介。野野村被分配到鄉下小鎮上的一所高中，小鎮至今仍然保有舊有的風俗，人們都是很封閉的。野野村對這些陳舊的風俗和價值觀提出挑戰，運用在美國培養的果敢行動力，逐一解決學生們的煩惱和問題。

「力抗封建主義人士的民主主義熱血教師」，從這裡就可以看出這類校園連續劇的基本架構，一開始就非常明確。夏木扮演的老師從美國回到日本，不是前往都市而是被分配到鄉下學校，這樣的設定也強調了對比性。

此外，體育運動也是這個時期的校園連續劇中不可或缺的要素。《青春是什麼》一劇採用的是橄欖球。透過體育運動，學生們加深彼此之間的信賴關係和友情，並獲得人格成長。這也是在校園連續劇中反覆出現的主題。

《青春是什麼》在收視率方面出乎意料的收下巨大成功，該劇播出時間是週日晚上八點，正好強碰NHK大河劇的播出時間。在一九六三年開始製播的大河劇，在當時已經成為高收視率的票房保證。然而《青春是什麼》卻讓所有人跌破眼鏡，不但沒有被大河劇《源義經》（一九六六年）影響，甚至收下了超越大河劇的高收視率。

校園連續劇選用新人的原因

隨著這次成功，電視台當然會策劃拍攝續集，片名是《這就是青春》（これが青春だ／一九六六～一九六七年）。

這部作品也計劃由夏木陽介擔任主角而進行準備，但要開拍時卻突然遇到了困難。因為夏木和東寶電影簽了專屬合約，夏木必須先以東寶為優先。眼看著這項企劃就要觸礁，就算要找其他知名演員也已經沒有時間了。（岡田晉吉《青春連續劇的夢想傳說——某位製作人的電視青春日誌》，日本電視放送網，二〇〇三年，第54頁）

於是工作人員決定賭一把，起用新人演員。這次獲得拔擢機會的，就是現在依然活躍在連續劇的龍雷太。

龍雷太本身為了精進演技，剛從美國留學回到日本，這一點與劇中老師的形象非常契合。儘管如此，這依然是一個不得已的決定。不過，該劇收視率依舊很高，龍雷太也因此一炮而紅。此後，拔擢新人擔任主角就成了校園連續劇的固定手法。（同書第55～62頁）

另一方面，在這種校園連續劇中，壞學生角色也是不可或缺的。從中也誕生了許多受歡迎的人物。這種角色不僅要發揮丑角功能，說話語調還得變成連續劇需要的口音，更要透過與熱血教師相遇之後改邪歸正，在故事進展上扮演相當重要的功能性。剛開始極度叛逆的壞學生，受到熱血教師發自內心為學生著想的真情感召，轉而投身於體育運動上；我們經常可以看到這類型的故事。

在這樣的架構中，也可以發現「王子」和「流氓」這兩大男性偶像類型。比如說，突然從美國這種遙遠的地方前來拯救學生的新任教師就是「王子」，對學生深信不疑的熱血直率性格就是「健全」的象徵。相對的，壞學生會違反校規，有時還會跟人打架，不相信大人。但是在校園連續劇中，一定會加入的元素其實是本性善良又純情的人物設定。換句話說，雖然是「流氓」，實際上卻是「健全」的。

透過這樣的設定，產生熱血教師和壞學生變成「夥伴」的一種型態。最典型的例子就是熱血教師和學生一起引發騷動，然後被校長或教務主任嚴正警告的劇碼吧！讓新人擔綱教師這個角色，確實也有畫龍點睛的效果。

然而在一九六〇年代，老師和學生根本還沒有達到對等的關係。以故事性來說，老師就是一個拯救弱小學生的完美英雄角色。在這個階段，校園連續劇裡的老師並不是我們再三提到的「就算已經成熟還是努力成長的存在」那樣的偶像。

學生成為主角的森田健作《我是男人！》

在這兩部作品之後，電視台還是持續製播校園連續劇，但是劇情都逐漸陷入窠臼之中，看不到像最剛開始那樣的氣勢。

就在此時，一部進入一九七〇年代之後發布的作品，再次讓校園連續劇重振雄風。就是由森田健作主演的《我是男人！》（おれは男だ！／日本電視台，一九七一～一九七二年），這部戲首先、最大的變化，就是學生代替老師成為故事的主角。

故事從森田健作飾演的小林弘二轉學到青葉高校開始。青葉高校原本是一所名門女子高中，最近才改成男女合校，但是男學生的數量還很少，所以女學生不管在數量和氣勢上都非常強勢。於是浩二決定自己成立劍道社，企圖與身為女學生領袖的吉川操（早瀨久美飾）所率領的韻律體操社抗衡。

很明顯的，轉校生改變學校的設定，繼承了《青春是什麼》和《這就是青春》中新任教師的模式。因為當時的社會處在女性解放運動的時代背景之下，所以故事就安排讓這股潮流與小林弘二的「陽剛之氣」正面交鋒。而且採用的運動項目是劍道，也就是武術，不是一般校園連續劇中經典的橄欖球或足球，這個改變也可以看出來。

但是主角小林弘二並沒有一味地否定女性的權利，他也和女性之間建立友誼，並努力克服衝突與對立。故事中身為劍道對手登場的丹下龍子（小川博美飾），她的存在就是這樣的象徵。包含吉川操在內，描寫三人之間符合青春期的那種淡淡的戀愛故事，更為連續劇增添了魅力。

校園劇偶像時代展開的一九七〇年代

之所以能夠把友情和愛情的細微之處刻畫得如此細膩，就是因為主角不是老師而是學生的關係。同樣的理由，「王子」和「流氓」也能夠在對等的基礎上保持競爭關係。小林弘二對一切都充滿熱情，純粹且認真，可以說學生版的熱血教師，本身就是一個「健全」的「王子」。

在《我是男人！》中也有另一個令人印象深刻的壞學生。志垣太郎所飾演的西條信太郎和弘二一樣也是轉校生，但類型卻恰好相反。學校要求穿著制服，他就偏要穿著華麗的便服去學校，總是開著車到處跑，也是一名小喇叭高手。他和父母的關係不好，自己經營小吃店養活自己，而且劍道的功力一流，這方面也威脅到弘二。（《TV青年白皮書～我們的畢業相簿——滿滿一冊校園連續劇的書》TOKYO NEWS MOOK第三號／東京新聞通信社，一九九五年，第47頁）

如果在傳統的校園劇中，壞學生總是得接受熱血教師指導的話，那麼西條信太郎就是獨立的個體。而且，小林弘二和他在相互對立之中也逐漸了解彼此。

換句話說，如果傳統校園連續劇裡的老師是完美的英雄，那麼在《我是男人！》中，森田健作飾演的學生儘管充滿迷惘，卻還是與對手在切磋琢磨之中成長，這就是所謂的偶像型角色，而且校園連續劇也在一九七〇年代正式迎接偶像時代的到來。演出校園連續劇的年輕人氣演員，與「新御三家」一起成為男性偶像界的一員。

《我是男人！》還有著歌曲「偶像劇化」的感覺（第一集 Four Leaves 演出自己的角色並且唱著主題曲），從中可以窺見戲劇也開始偶像化的部分。

森田健作親自演唱主題曲〈說是告別的淚吧〉獲得廣大好評。另外，劇中也有森田演唱插入曲〈朋友啊別哭泣〉時宛如音樂錄影帶一般的場景。至於飾演壞學生，當時受到注目的石橋正次，也因為演唱日本電視台《飛翔吧！青春》（下個章節詳加敘述）的插入曲〈黎明的停車場〉（一九七二年）而走紅，甚至參加了「NHK 紅白歌唱大賽」。

接下來，將繼續探討開始偶像化的校園連續劇的發展。

2 中村雅俊登場與「無止盡的青春」

老師變成了學生——「飛翔吧！青春」的嘗試

隨著森田健作主演的《我是男人！》的成功，暫時呈現停滯狀態的校園連續劇又重新燃起生機。為了推動這股氣勢而製作的就是日本電視台的《飛翔吧！青春》（飛び出せ！青春／一九七二～一九七三年），但是這部戲的主角又回到老師身上。飾演新任教師河野武一角的，是在連續劇領域還是新人的村野武範。

當時擔任該節目策劃與製作人，日本電視台的岡田晉吉在此重新塑造了校園連續劇中老師的形象。依據岡田的說法，在《青春是什麼》等校園劇發展初期，「從高一階的位置把學生向上拉抬的『老師』受到歡迎。」但是到了一九七〇年代，這樣的老師只會被認為是過度誇大而已。於是岡田針對《飛翔吧！青春》的老師，「讓他從樓梯走下一階，成為『與學生同等程度』的老師。」不僅年輕，他還試圖塑造一個「與學生一起煩惱受苦」的老師形象。（前面介紹過的《青春連續劇的夢想傳說》第98頁）

說到最具代表性的內容，岡田以第14集「月光假面是正義盟友！」為例。（同書第101頁）一名學生以「月光假面」名義創辦報紙，並開始在報紙上揭露同學的一些小惡行。河野擔心遭受指控而被孤立的同學，所以訓示了這名學生。於是這名學生一不做二不休，這次準備揭露的事件是發生在校外的重大惡行；然而他打算寫文章揭露的那個犯人，竟然就是他最尊敬的親生父親。一個在正義感和對家人的感情之間左右為難、痛苦不堪的學生……

如果是傳統的校園連續劇，村野武範所飾演的河野老師一定會把握這個機會，扮演宛如超人般的角色，將學生從困境中解救出來。但是，在這部劇中並非如此！河野感嘆無能為力的自己，淚流滿面地說：「我沒辦法為你做什麼，我真的很痛苦。」

這正是一個「和學生一起煩惱受苦的老師」。老師和學生站在同樣角度，分享喜怒哀樂。換句話說，就是老師變成了學生。

這樣的設定，是因為前一檔以學生為主角的《我是男人！》獲得成功的關係吧！所以，當時校園劇裡面的學校，變成沒有階級關係，人人平等宛如烏托邦的空間。劇中「太陽學園」的設定是不需考試即可入學的義務制高中，而且河野老師也和學生們一起住在宿舍裡。乍看之下似乎很不切實際，但在播出當時，真的接到不少觀眾認真詢問，希望進入太陽學園就讀。（同書第101～102頁）

《我們的青春！》是校園劇的終極目標

由藍色三角尺演唱的《飛翔吧！青春》的主題曲〈太陽給的季節〉一炮而紅，收視率也好評如潮。當時，校園連續劇發展至此可說已經越來越明確了。

完全接續《飛翔吧！青春》的世界觀，後續製作的就是《我們的青春！》（われら青春！／一九七四年）。主角是太陽學園的新任教師沖田俊，人物設定是河野老師大學時的學弟；這個角色選定由新人演員中村雅俊飾演。劇中描繪的老師形象則是《飛翔吧！青春》「老師學生化」的更進化版。

前面提到在《飛翔吧！青春》的「月光假面」這一集中，河野老師因為無法為學生盡一份心力而哭泣。但是，這個哭泣的真實意義也意味著老師和學生並不是真正的平等，這是身為英雄卻無能為力的表現。換句話說，老師並沒有和學生一起行動。岡田晉吉認為劇本「仍然繼承了《青春是什麼》中『英雄老師』的影子」，但卻計劃在《我們的青春！》中「將『老師拉到和學生同樣』的地位！」（同書第112頁）

岡田指出，這樣的概念濃縮在第一集「也有比學校更重要的事！」中。一開始，沖田老師被誤認為是轉校生，他還當著同學們的面宣稱要像朋友一樣互動。後來他把成績不好的學生召集起來組成橄欖球社，某天發生一名橄欖球社員被其他男校的橄欖球社員們襲擊的事件，但沖田老師並沒有介入仲裁，而是當那名學生的幫手，開始與對方打架。這演變成了一個大問題，所以他被迫從剛到任的學校辭職。

沖田老師一人佇立在靜悄悄的車站月台上，這時橄欖球社的學生們衝了進來，大喊著不要辭職，並且從對面月台上扔了一個橄欖球過來。沖田感動地把橄欖球丟還給學生。接著他們就隔著鐵軌開始一邊跑一邊傳球……

這是當時常常被拿來惡搞的場景，卻清楚地展現出沖田老師跟學生之間的夥伴關係。這不是感嘆什麼都做不到的無力感，而是即使無能為力，卻還是永遠跟學生一起行動的表現。這樣的師生關係，可說是一九六〇年代之後的校園連續劇的終極目標之一。

飾演這個理想教師形象的中村雅俊，成了校園劇的指標性人物。同時，他也持續演出在反覆失敗和挫折中自我成長的角色，成為這個時代獨有的偶像。

中村雅俊所體現的「暫停」現象

中村雅俊的魅力，就是他集纖細與粗獷於一身。

中村以歌手身分發行過許多膾炙人口的歌曲。成功的契機就是《我們的青春！》的插入曲〈心靈相通〉（一九七四年）。這首出道曲破天荒的連續十週在Oricon週排行榜上蟬聯第一，唱片銷量更是突破一百萬張。那時中村雅俊彈著木吉他，深情地唱出當悲傷與空虛來襲時，希望待在「那個人」身邊這樣的歌詞。這情境類似於前面提到的野口五郎的〈私鐵沿線〉，他可說是將民謠的細緻感融入流行歌曲的成功案例。

另一方面，中村雅俊有著讓人想起過往那種「放浪形骸」的粗獷魅力。一九七五年到一九七六年間，日本電視台的《我們的旅程》（俺たちの旅）就定調他這樣的形象。

中村雅俊在這部作品中飾演大學生津村浩介，因為脾氣暴躁而且動不動就暴怒，所以暱稱叫暴介，還留著一頭長髮，穿著牛仔褲和木屐，無論外型和性格都給人「放浪形骸」的感覺。但這並不是懷舊的喜好，而是他展現自我意識的表達方式。

暴介是即將畢業的大四學生，當其他同學都穿著西裝和皮鞋努力求職時，他完全不打算這麼做，因為他不知道自己想做什麼而苦惱著。回過頭來看，暴介只想誠實地面對自己的感受，不受世間常識束縛，穿牛仔褲和木屐就是他的表現方式。後來他找到工作，但是沒多久就辭職，便與好友傻子六（津坂匡章／現名秋野太作）和豆子眼（田中健）一起開了一間代辦公司，開啟了貫徹自我生存方式的生活。

一九七〇年代後期，「暫停」（moratorium）這個詞成為日本流行語，意指「成年之前的寬限期」的心理學術語，心理學家小此木啟吾的著作《人類時代的暫停》（中公叢書／中央公論社，一九七八年）成為暢銷書，連帶這個詞也廣為周知。

暴介是一個典型的「暫停人」，而且他不只延後成年，根本是拒絕長大，只想一直過著自由自在的生活。從成年人的角度來看或許是非常「不負責任」，但是暴介的這種生活方式卻得到同世代年輕人的廣大支持。該劇也創下高收視率，原本預定播出半年，後來延長至一年。多年後，電視台也多次製播描寫角色們後續故事的特別篇。

「無止盡的青春」傳達的訊息

到了這部《我們的旅程》，校園連續劇擴大了世界觀，從學校這個封閉空間擴展到外面的現實世界。即使大學畢業了，青春也不會就此結束。這個訊息貫穿了整部作品。

同樣的訊息，也出現在本書曾經提到的「流氓」偶像始祖萩原健一演出的《向太陽怒吼！》之中。正如前面第一章所說的，這部連續劇不僅是一部刑警劇，同時也是以萩原健一飾演的馬卡洛尼為主角的青春物語。

雖然馬卡洛尼殉職了，結束了他的青春物語，但是暴介還活著，所以青春的煩惱也沒有終點。在這裡看到的不是「流氓」也不是「王子」，而是一個符合真實年齡的普通年輕人。因此，這齣戲匯集了同世代的認同感。

這種「無窮盡的青春」的概念，從男性偶像史的觀點來看也是很重要的。

本書中反覆強調，「持續成長的未完成魅力」就是偶像的本質。正因為如此，偶像的存在與「青春」這段人類成長時期有著密不可分的關係。

因此，如果像《我們的旅程》中所描寫的那樣，青春是一段沒有終點的旅程，那麼偶像也變成永無結束的一天。換句話說，隨著青春變成永無止盡，偶像也與年齡無關了。

在上一章曾提到，「新御三家」等一九七〇年代的偶像歌手，由於普遍的認知是必須長大成為「成年歌手」，因此脫離偶像的定位是種常態，但是在校園連續劇的世界裡，「一直不要變成大人」反而受到大家的肯定。某種意義上來說，它已經預告了被視為傑尼斯的典型，現在大家所看到的「永無止盡的偶像」時代的到來。

即使從學校畢業出了社會，青春也不會結束。從宏觀的角度來看，意味著學校與社會的界線消失了。這也促使描寫與社會隔絕的烏托邦這類校園劇的格式，產生根本性的轉變。

一九七〇年代末期，掀起一波以「學校是社會的縮影」為理念的新形態校園劇。代表作就是一九七九年開始播映的系列作《三年B班金八老師》（TBS電視台）。這部連續劇探討了中學生的性教育、校園暴力、性別認同障礙、毒品問題等廣泛的社會題材，是全新的現實主義校園劇，並獲得高度評價。

然而有趣的是，儘管內容如此貼近現實，但這部《三年B班金八老師》還是和傳統的校園劇一樣，誕生了許多偶像。

最早出現的，就是演出第一季的學生角色，掀起爆炸性風潮的田野近三重奏；成員包括田原俊彥、近藤真彥和野村義男等三人。在一九七〇年代後半陷入停滯期的傑尼斯，也因為這個契機，在八〇年代之後吹起反攻的號角。在這層意義上，這部連續劇也可說是男性偶像史上的重要轉折點。接下來，將會在下一章仔細解釋這段發展歷程。

但在那之前，還是想先在下一節談談一九七〇年代後半「搖滾御三家」（Char、原田真二、世良公則&Twist）的暴紅，所象徵的樂手偶像化的現象。

3

從皇后樂團、BCR演變成「搖滾御三家」

西洋樂歌手的偶像化，以皇后樂團為例

帶動GS熱潮的披頭四造訪日本，這件事也是日本男性偶像史的出發點。但是如第一章所述，披頭四具有音樂人和偶像的兩面性。我們很難說，披頭四是純粹的偶像，甚至應該有許多人把他們定位為音樂人。

即使到了一九七〇年代，這情況還是持續著。但是這時，也開始出現將海外音樂人視為偶像的現象。

首先，從一九七〇年代前半到中期，皇后樂團（Queen）、接吻合唱團（Kiss）

和史密斯飛船（Aerosmith）這三個搖滾樂團在年輕女性的支持下，在日本被稱為「西洋搖滾御三家」。當時《音樂生活》（Shinko-Music，一九三七～一九九八年）等西洋音樂主流雜誌幾乎每一期都以他們的照片當作封面，即使到日本公演的時候也有非常詳細的貼身報導，並刊登他們的專訪。

所有成員妝扮成宛如歌舞伎隈取一般的誇張妝容；具有高度娛樂性的接吻合唱團，被搖滾樂的流氓魅力吸引的史密斯飛船，以及同樣占有一席之地的皇后樂團，描寫該團成員佛萊迪．墨裘瑞半生的電影《波西米亞狂想曲》（導演：布萊恩．辛格）於二〇一八年上映時創下空前票房記錄，他們至今仍然大受歡迎。

由四位團員組成的皇后樂團於一九七一年在英國成團，並於一九七三年首次亮相。他們雖然在英國很受歡迎，推出許多熱門歌曲，但就屬日本年輕女性的反應最為熱烈。一九七五年他們第一次造訪日本時，大批女粉絲趕赴機場迎接，還因此上了新聞。同年推出後來作為電影片名的〈波西米亞狂想曲〉成為流行音樂史上的暢銷作品，讓皇后樂團一躍成為世界級的超級巨星。

鼓手羅傑．泰勒以出眾的外貌吸引眾人目光，成員們都各自展露絕佳的視覺效果，再搭配華麗的舞台，皇后樂團確實具備了囊獲偶像等級人氣的絕佳條件。日本粉絲對這方面的反應，可說是相當敏銳。

但是他們的音樂取向並沒有刻意針對年輕女性。以搖滾樂為主，同時還融合古典樂、爵士樂、黑人音樂、鄉村音樂等各種音樂類型，樂曲和樂音都已經昇華成為他們專屬的原創音樂，並吸引所有西洋樂愛好者。〈波西米亞狂想曲〉大膽融入歌劇式的合唱，嶄新的組曲構成，以及前所未見長達約六分鐘的單曲，堪稱其代表作。他們的音樂與所謂追求賣座的熱門流行音樂，相去甚遠。

人氣沸騰的灣市狂飆者合唱團

然而，這股海外音樂人的偶像化趨勢並未趨緩，反而變得更加強烈。當時在青少年之間獲得爆炸性人氣的就是灣市狂飆者合唱團（Bay City Rollers），又稱 BCR。

BCR是由來自蘇格蘭的成員組成的搖滾樂團，一九七一年出道，剛開始並沒有名氣，直到換了第二代主唱萊斯．麥克恩之後，人氣才開始扶搖直上。一九七五年發行的〈Bye Bye Baby〉在英國大受歡迎，同時也在日本流行起來（鄉廣美甚至還翻唱了這首曲子）。

進一步奠定他們的高人氣地位，是同樣在一九七五年發行的周末夜〈Saturday Night〉。這首歌在美國告示牌排行榜拿下他們的第一個全美第一，並成為全球熱門歌曲。後來像是〈I Only Want to Be with You〉、〈Rock n' Roll Love Letter〉（都是一九七五年發行）等熱門金曲不斷，一口氣掀起熱潮，在日本也是人氣沸騰。

與「西洋樂搖滾御三家」相比，BCR更貼近日本人心目中的偶像形象。男孩般的視覺設計和髮型，皆因來自蘇格蘭，加上穿著整齊劃一的蘇格蘭紋制服，唱出浪漫和青春的無奈，有時又會彈奏並演唱知名的樂曲，在這些條件相輔相成之下，他們成為可以毫無違和感地投射出「偶像」形象的團體。

有趣的是，支撐他們高人氣的媒體，除了傳統的雜誌和廣播節目之外，還加上電視這個媒體。

大家都知道，真正開始製作音樂錄影帶這件事，始於一九八〇年代美國的 MTV，麥可傑克森的〈顫慄〉等引爆了熱門話題。在此之前，如果在日本想看到外國歌手舞動般的姿態，唯一途徑就是去聽演唱會，但是這樣的機會在當時是非常有限的。

在這種情況下，日本能呈現海外歌手的歌曲和演奏的珍貴電視節目之一，就是 NHK 的《青春音樂秀》（ヤング・ミュージック・ショー／一九七一～一九八六年）。雖然是不定期播放，但可親眼目睹平常只能透過唱片和廣播收聽的歌曲和演奏，還是帶給觀眾很大的震撼。像是愛默生、雷克與帕瑪（Emerson, Lake & Palmer）等，在這個節目上播出舞台演出後，進而引爆話題的音樂人也不少。

BCR 在一九七六至一九七七年這麼短的時間內就三度出現在節目中，充分反映出他們當時受歡迎的程度。第一次登場是在一九七六年五月五日，內容是由英國 BBC 製作的攝影棚演唱會影像，這也成為 BCR 在日本廣泛被大眾認識的契機。半年後發行的專輯〈Dedication〉連續三週登上 Oricon 週排行榜第一名，銷售量超過六十萬張，創下西洋音樂空前銷售記錄。同年十二月，他們第一次到訪日本。當時在 NHK 攝影棚錄製的現場演出是他們的第二次登場（一九七七年一月八日播出）。

此時，BCR方面開出來的條件是，「以對嘴方式演唱」和「盡可能讓更多粉絲進場」等要求。（城山隆《我們的「青春音樂秀」》情報中心出版局，二〇〇五年，第395頁）與其讓大家聽歌曲和演奏，BCR更優先考慮到粉絲對成員們的表演所做出的反應，以及炒熱現場氣氛，從這裡在在都能看到偶像操作的策略。實際上，當時攝影棚裡聚集了將近五百人，狂熱程度甚至讓工作人員擔心舞台佈景會被弄壞。節目收視率也高達15%左右，對這類型節目來說是相當高的。（同書第404～405頁）

搖滾偶像的對立，以LAZY為例

日本過往也有匯集偶像般高人氣的搖滾樂團，一九七七年出道的LAZY可說是第一團。曾經擔任主唱的景山浩宣，後來單飛之後改名為景山HIRONOBU（影山ヒロノブ），現在是特攝電視劇和動漫歌曲界的元老級人物。

LAZY 的行銷方式處處考慮到 BCR 的存在，他們的標語是「日本製灣市狂飆者合唱團」。服裝雖然不是蘇格蘭紋，但是統一使用三色設計。支持者通常穿上整齊劃一的祭典法披外套，就像是偶像的親衛隊一般。

他們原本就是一支正統的硬式搖滾樂團，團名 LAZY 取自 Deep Purple 的同名歌曲。吉他手高崎晃和鼓手樋口宗孝，後來組成重金屬樂團 LOUDNESS，從這點可以看出他們的目標始終如一。

他們的代表歌曲是一九七八年發行的〈小紅帽請小心〉，把自己喜歡的女孩想像成小紅帽，自己則化身為保護她不要受到其他男人，也就是狼群的傷害，這種內容根本就是王道的偶像歌曲。之後他們被要求走同樣的路線，由於風格與他們原本追尋的音樂路線有所差距，因而陷入痛苦與激烈的衝突中。最終，LAZY 於一九八一年宣布解散（一九九八年又再度聚首）。

回顧過去，ＧＳ也有類似的心理衝突。The Tempters 時代的荻原健一非常不滿意樂團和自己追求的滾石樂團的方向性相去甚遠，對於穿著「用奇怪電繡布縫的飄飄然

制服唱歌」這件事，也懷抱著強烈的不滿。（萩原健一《Shoken》講談社，二〇〇八年，第14～18頁）

儘管如此，在日本，搖滾樂與偶像結合真正獲得大眾支持的時機已然成熟。與LAZY幾乎同時期出道的三組藝人：Char、原田真二、世良公則&Twist都囊括了高人氣，被稱為「搖滾御三家」。接下來會分別回顧一下Char和原田真二的軌跡。

4 Char與原田真二──各自的發展軌跡

搖滾吉他手Char演唱流行歌曲

「搖滾御三家」之一的Char出生於一九五五年，與野口五郎、西城秀樹、鄉廣美等「新御三家」的三人同年級。他從小學時期就開始彈吉他，初中到高中時已經以錄音室樂手身分活躍在業界，展現出眾的才華。十八歲時他與金子真利等人組成Smoky Medicine，但主要活動是以現場演出為主，沒有正式出道，並於一九七四年解散。

最後他是以個人名義發行唱片出道，於一九七六年六月發行出道單曲〈NAVY

BLUE〉，三個月後發行首張個人專輯，但是並沒有立即收到迴響。直到一年後發行的第二張單曲〈煩惱到快要斷氣〉成為熱門歌曲，Char 的存在才廣為人知。這首歌在 Oricon 週排行榜上最高記錄是第十二名。

兩首歌的不同之處在於，〈NAVY BLUE〉是他自己作曲的作品，而〈煩惱到快要斷氣〉則是其他人的作詞作曲。特別是歌詞部分，由流行歌曲界的代表性作詞家阿久悠操刀，出人意料的組合引爆話題。

從上述過往經歷可以看出，Char 以「天才吉他手」之姿，在搖滾樂界已經是相當知名的人物了，他就是一個走在日本搖滾樂正道上的人。

同時，阿久悠在當時正處於歌壇的中心。他涉足的領域相當廣泛，製作了像是石川小百合的〈津輕海峽冬景色〉、八代亞紀的〈舟唄〉等多首膾炙人口的演歌。從這個角度來看，阿久悠為 Char 的歌曲作詞是轟動一時的事，這麼說並不誇張。

前面也提到，阿久悠擔任「明星誕生！」的企劃和審查人，也是開啟偶像時代的人物。

所謂的偶像歌手，在某種意義上是「被創造出來的人物」，至少在昭和時代，這種傾向相當強烈。站在製作方，換言之，就是身為製作人並站在核心位置的就是阿久悠。「從明星誕生！」出道，掀起爆炸性熱潮的粉紅淑女和阿久悠的關係就是一個典型的例子。這方面，跟 Char 這種凡事靠自己的搖滾音樂人，是完全相反的類型。

但是在演唱〈煩惱到快要斷氣〉時，Char 不可避免地將自己置身於流行歌曲的世界，甚至是偶像的位置。事實上，Char 出現在搖滾音樂人之前都不會出現的電視歌唱節目中，就已經清楚地說明了這一點。

阿久悠後來回憶道：「我很喜歡第一次見面時 Char 的傲慢態度。」（阿久悠／和田誠《A面B面——作詞・唱片・日本人》筑摩文庫／筑摩書房，一九九九年，第170頁）但是在 Char 這邊，他的音樂取向和流行歌曲的路線肯定是有衝突的，這一點和上一節提到的 LAZY 有共同之處。他採用阿久作詞的歌曲發行了幾張單曲，但最後又回到搖滾樂世界這個老本行。像這樣的路線搖擺，可說是搖滾樂正走向大眾化過程之中，Char 剛好處於過渡時期的最佳證據。

原田真二出道的衝擊

一九五八年出生的原田真二的出道令人驚豔，且具有衝擊性。一九七七年十月以〈Teen's Blues〉出道時，突然連續三個月發行單曲〈Candy〉和〈Shadow Boxer〉，這三首歌創下史上首次同時有三首歌進入 Oricon 週排行榜前二十名的壯舉。

他隸屬的唱片公司是 FOR LIFE RECORDS，這間公司由民謠歌手吉田拓郎、井上陽水、小室等、泉宮茂等人於一九七五年設立。當時由歌手，而且是民謠歌手自己創立唱片公司，這件事是前所未見的。一直以來唱片公司都是在大公司主導下經營，歌手只不過是被簽約的那一方。而且 FOR LIFE RECORDS 是由大家都認識的當紅藝人拓郎和陽水，再搭上知名的小室和泉谷所創立，成立之初，就已經具有能夠與既有的大型唱片公司一較高下的影響力，因此對業界造成很大的衝擊。FOR LIFE RECORDS 的成立，堪稱日本演藝史上的一則「事件」。

不過公司雖然成立，但是經營並沒有上軌道。儘管他們試圖掀起一波新的音樂浪潮，卻沒有挖掘到有實力的新人歌手。

這時，在廣島就讀高中二年級的原田真二就像彗星一樣出現了。原田將自己錄製的試聽帶送到 FOR LIFE RECORDS 的新人甄選活動，他那出色的音樂才華讓吉田拓郎等人大為驚嘆。後來當他進入大學就讀、搬到東京時，在拓郎的精心製作下以〈Teen's Blues〉出道，這首歌進入 Oricon 週排行榜前十名。其後發行的首張原創專輯〈Feel Happy〉也榮登 Oricon 週排行榜初登場第一名。

符合偶像路線的原田真二

出道後的三首單曲都是由原田真二自己作曲的作品，旋律和樂音與西洋樂相比完全不遜色。再加上他本人彈奏鋼琴唱歌，包括曲調在內都讓人聯想到保羅麥卡尼（Paul McCartney），甚至是披頭四樂團。

另一方面，歌詞全部都是由松本隆負責。曾經是搖滾樂團 HAPPY END 成員的松本，一九七〇年代之後轉為流行歌曲作詞家，並在八〇年代創作松田聖子的一系列熱門歌曲而成為膾炙人口的人物。他與阿久悠不同，松本隆對搖滾樂世界和流行歌曲世界都相當熟悉。

基於這樣的對比，我們可以說松本的歌詞，讓執著於搖滾樂基礎的原田真二達到更符合流行歌曲和偶像路線的效果。這部分比上一節提到的 Char 的案例，更進一步。

同樣邏輯也套用在宣傳面上。原田真二的經紀人，是同時負責三人女子團體糖果合唱團（Candies）的大里洋吉。當時大里剛剛離開渡邊製作所，自己成立了娛樂經紀公司 AMUSE。就像糖果合唱團經常在演唱會上翻唱西洋歌曲一樣，他將偶像（流行歌）和搖滾樂結合在一起，也是最能理解市場的人。原田真二的成功，也讓這套宣傳手法套用在日後 AMUSE 旗下出道的南方之星的宣傳上。（北中正和《增補 日本的歌謠——戰後歌謠曲史》平凡社圖書館／平凡社，二〇〇三年，第 210～211 頁）

原田真二的人氣，有很大一部分是來自於他自身的魅力。可愛的娃娃臉、捲髮，以及高亢卻略帶沙啞的歌聲，完全吸引了年輕女性的目光。再加上彈奏鋼琴這個華麗的形象，讓他的偶像人氣水漲船高。

他所處的地位，可以和目前為止提到的分類中，「王子」般偶像的路線串聯在一起。他在一九七八年的「NHK 紅白歌唱大賽」中演唱的〈時間旅行〉（一九七八年）描述和女朋友一同在地球各地進行時間旅行的奇幻內容，展現出他的「王子」特性。

5 世良公則&Twist，進入一九八〇年代

世良公則&Twist的搖滾流行歌曲

前面探討了原田真二身為男性偶像可以對應到「王子」流派，至於男性偶像的另外一個脈絡，透過「流氓」般狂野氛圍讓粉絲們著迷的，就是「搖滾御三家」中最後一組，世良公則&Twist（一九七八年底更名為Twist）。他們首次亮相時華麗程度完全不輸給原田真二。

一九七七年十一月發行的〈你的抒情曲〉是他們的出道歌曲，一發行立刻就進入Oricon週排行榜前十名，讓世良公則&Twist成為眾人注目的焦點。

這首歌由世良公則作詞作曲，並在俗稱 POPCON 的山葉流行歌曲大賽中獲得大獎。

始於一九六〇年代末期的 POPCON 大賽，到了一九七〇年代已經成為通往業餘音樂家的管道而馳名。一九七三年獲得大獎的小坂明子，以一曲〈你〉創下百萬銷售記錄，之後也孕育出像是中島美雪的〈時代〉（一九七五年優勝）等眾多膾炙人口的歌曲和歌手。作為「學生時代的最後回憶」而參加演出的世良公則 &Twist，也是其中一組團體。（讀賣新聞社文化部《這首歌這個歌手——命運的連續劇 120》現代教養文庫／社會思想社，一九九七年，第 50～51 頁）

這個 POPCON，也可說是串連起流行歌曲與其他新類型音樂之間的橋樑。POPCON 的歌手扮演著打破民謠、搖滾樂和新音樂等新型態音樂，與現有流行歌曲之間做出區隔的角色。例如中島美雪提供樂曲〈幸福戲劇〉（一九七七年）給櫻田淳子，而且她也會自己參加電視歌曲節目的演出。

世良公則 &Twist 也是後者的代表，〈你的抒情曲〉（一九七七年）的曲調就像是〈酩酊大醉的男人和愛哭的女人〉這句歌詞一樣，以藍調為基礎卻又像流行歌曲，甚至還有點像普世的演歌。演唱這首歌的世良公則用他那「渾厚」且充滿魄力的嗓音來唱，更是加分。而且他宛如武道的「外型」和獨特的動作，也很適合電視演出。

在這層意義上，他們散發出來的「流氓」性質被恰到好處的被抵消了。雖然主要的粉絲是年輕女性，但是他們本身就具有被各個世代接受的潛力。這一點也適用在西城秀樹身上。

成為廣告形象歌曲的時代〈燃燒吧好女人〉

正因為如此，以熱門歌曲這一點來看，世良公則&Twist在「搖滾御三家」中最為突出。第三張單曲〈誘因〉（一九七八年）不僅登上Oricon週排行榜第一名，而且連續十週蟬聯知名音樂排行榜節目The Best Ten（TBS電視台，一九七八～一九八九年）第一名記錄，更榮登該節目的年度排行榜第一名。

他們受大眾歡迎的另一項指標是在商業廣告上的形象歌曲；世良公則在大學時代主修的也是廣告。

此時，與廣告聯名製作熱門歌曲的這個手段受到關注。過往，日本的廣告歌曲就是反覆喊著商品名稱，但是到了這個時代，廣告歌不會與商品直接相關，而是搭配能提升產品形象的樂曲。因此歌手也可以將該商品歌曲獨立出來，作為自己的歌來演唱。搭配日本航空去美國旅行促銷活動的廣告，而大受歡迎的四人合唱團體 CIRCUS 的〈美國情懷〉（一九七九年），就是這樣的例子。

Twist 的第五張單曲〈燃燒吧好女人〉（一九七九年）也出現在資生堂夏季活動「夏子的夏天」廣告中。歌曲副歌部分一起大喊「燃燒吧！好女人，燃燒吧！夏子」雖然是融入活動標語的歌詞，但是歌曲本身就算是在沒看過廣告的情況下，也是成立的。這是一首典型的廣告形象歌曲，這首歌也創下可觀的記錄，成為 Twist 的代表歌曲。在那個搖滾樂手出現在歌唱節目中讓人大感不可思議的年代，Twist 演唱廣告形象歌曲這件事，展現了搖滾樂更加大眾化的事實。

「搖滾御三家」在偶像史的意義

透過「搖滾御三家」，我們追溯了一九七〇年代後半男性歌手偶像化的歷程。

但是，其中也存在一個根本性難以解決的問題。這與前面提到的，尤其是這個時代的偶像是「被創造出來的存在」這件事有關。

這裡不斷強調的，偶像的魅力在於「雖然不成熟還是努力成長」的過程。但是，至少在一九七〇年代，這股魅力很大的部分，是基於偶像處於被動角色的前提之下成立的。無論是歌曲還是編舞，為了克服這個領域的專業人士所賦予的課題，衍生出必須不斷努力讓自己成長的過程。儘管存在著過度壓抑當事人意志的風險，但是在這種架構下提昇了成長的價值，並成為讓偶像存在看起來更具吸引力的基礎。

另一方面，搖滾樂本來就是以主觀的自我展現為核心的音樂類型。除了讓人想起它本身具有反體制文化的根源，搖滾樂手主張以音樂人身分，透過演唱和演奏自己創作的歌曲來維護自身的存在和想法，這就是基本的立場。

「搖滾御三家」的偶像時代並不算太長。最終，他們還是不甘於接受偶像這個定位，並選擇貫徹自我表現的道路。

前面也介紹過，Char 已經回歸到吉他手的職涯上，原田真二則是將重心放在傳達強烈訊息的自創曲上。而且在一九八一年 Twist 解散後，世良公則除了繼續以搖滾樂手身分進行個人活動，還參與《向太陽怒吼！》的演出，並將事業版圖擴展到演員身分。

搖滾樂的狀況，與之前一直處在搖滾樂和流行歌曲之間的澤田研二和西城秀樹形成強烈的對比。澤田和西城雖然在音樂性和精神面都傾向搖滾樂，但是基本上，因為他們並沒有自己作曲，而是繼續唱別人創作的歌，所以從這一點看來，這就是流行歌曲的偶像作法。反過來說，也正因為他們已經開啟了這條道路，才造就了「搖滾御三家」的成功。

如果以更宏觀的角度來看，「是音樂人還是偶像？」這個問題一直是男性偶像史的一大命題。不只是「搖滾御三家」，包括傑尼斯，以及近年來在日本也很流行的 K-POP 團體也都適用。關於這個問題，後續再找機會進行探討。

第四章

傑尼斯的復活與搖滾偶像的人氣：一九八〇年代的全盛期

這個章節要談談一九八〇年代的男性偶像，尤其是八〇年代初期，誕生了許多男性和女性人氣偶像歌手，堪稱是「偶像全盛期」。至於代表性的男性偶像，首先回顧田野近三重奏，接著是方格子樂團和吉川晃司等搖滾樂偶像，最後再來聊聊傑尼斯的偶像。

1 田野近三重奏的誕生，傑尼斯復活

JJS與川崎麻世——一九七〇年代後半的傑尼斯歌手

前面提到，一九七〇年代後半的傑尼斯被迫陷入苦戰，最大的原因就是鄉廣美更換經紀公司，Four Leaves 也宣布解散。但是在那個時期也存在講述傑尼斯歷史時，不能忽略的重要人物。一九七五年，JOHNNYS' Junior Special（JJS）發行唱片出道。板野俊雄、林正明、畠山昌久這三名成員原本是隸屬於由九名成員組成的「小傑尼斯一期生」，但後來分為三人團體和六人團體，並經過好幾次更換成員的事件之後，最後正式出道的是三人團體 JJS（其他六個人更換經紀公司，以 Mets 這個團體出道）。

JJS 的出道曲是〈凡爾賽玫瑰〉（一九七五年），背景是當時池田理代子的同名漫畫改編的舞台劇，在寶塚歌劇團上演後大為轟動。這是一首以這部作品為主題的歌曲，用音樂劇的曲調唱出「美麗綻放的玫瑰，在藍色多瑙河上燃燒散落」，帶有淡淡的無國籍感和ＧＳ的氣息。他們還在表演服上繡上玫瑰花，並在手上拿著一朵玫瑰花演唱。

在創設傑尼斯事務所時，強尼喜多川的目標就是「男版的寶塚」。此外，以少女漫畫的世界為背景，也就是「王子」風格，JJS 的這個路線，可以說就是傑尼斯的主流。

在介紹「新御三家」的時候也有提到，到了這個時代，偶像被要求必須符合電視的需求。關於這一點，要將音樂劇路線成功地融入電視的世界，並不是一件容易的事情。後來 JJS 出現在兒童節目中，並且翻唱了灣市狂飆者合唱團的〈週末夜〉，從這點就可以看出，他們在這些地方進行試錯的軌跡。

這個時期代表傑尼斯的是個人歌手川崎麻世，他在一九七七年以〈愛情震撼〉一曲出道。雖然歌曲並不暢銷，但是他的肖像照單月銷量第一的次數，在整個七〇年代超越了鄉廣美，排名第三，正因為他的俊俏外表和造型（腿部長度引爆話題）都非常

出色的關係。（MARUBERU 堂編著《MARUBERU 堂的肖像照》Nesco，一九九八年，第91頁）

川崎麻世是個多才多藝的人，受注目的原因是他在電視節目中模仿西城秀樹大獲好評，出道後也經常參與綜藝節目演出。在戲劇方面，他在榊原郁惠主演的連續劇《夏樹是旋風》（ナッキーはつむじ風／TBS 電視台，一九七八～一九八〇年）中演出對手角色。另外，他也擅長滑板，這類運動風形象也適用在後來的光 GENJI 和 SMAP 身上。

傑尼斯裡的演員，井上純一

正如我之前提到的，當時正好是「搖滾御三家」也就是「流氓」風格受到大眾注目的時期。這一點，對傑尼斯式的「王子」路線是很不利的。

這時，不是在歌唱界而是在演技的世界嶄露頭角的，就是井上純一。井上並非一開始就是專業的演員，他在身為小傑尼斯展開演藝活動時，最初被定位為鄉廣美的繼任者而受到高度期待，並於一九七五年以〈如果是戀人〉一曲正式出道。

在幾乎同時展開的戲劇事業中，他也打響名號。雖然曾經參與電影和 NHK 晨間電視小說《雲毯》（雲のじゅうたん／一九七六年）的演出，但是真正讓世界認識他的，是校園連續劇中的學生角色。

井上純一出道時，恰巧是中村雅俊風靡一世的時期。井上連續參與了中村主演的《正是青春！》（青春ド真中！／一九七八年五月開始播出）和《夕陽之丘的總理大臣》（ゆうひが丘の総理大臣／一九七八年十月開始播出，以上均為日本電視台）這兩部校園連續劇，以學生角色走紅。

在這兩部作品中，他都飾演壞學生角色。然而，他並不是傳統校園劇中常見的那種刻板印象的流氓學生，而是被塑造成更深沉的角色。例如在《正是青春！》劇中，井上純一飾演的有澤健太因為父母離異而與姊姊同住，雖然表面上表現得像個壞孩子，其實過去是個優等生。考試時也會刻意答錯題目被扣分，並故意戴上名為壞學生的面具。這是一位矛盾且內心糾結的學生，換句話說並不是「流氓」。乍看之下充滿活力，實際上卻是心思細膩並且擁抱孤單的人，這樣的角色也很符合井上純一自己所營造出來的氛圍。

隨後井上演出《夕陽之丘的總理大臣》（一九七九～一九八〇年）成為校園劇中不可或缺的演員，但是傑尼斯本身並沒有因此一下子重振氣勢。畢竟主角還是中村雅俊等人飾演的老師，而不是學生。此外，日本電視台更繼承了自一九六〇年代以來逐步打造出來的校園劇傳統架構。

就像井上純一塑造出來的壞學生角色一樣，這個時期的校園劇開始與傳統單純的樂天主義劇碼，產生區隔。第三章也提到的《我們的旅程》中，已經看出這種跡象，宛如反映高度經濟成長的熱情已經散去的世界，校園連續劇也逐步將焦點放在十幾歲青少年的真實心境和煩惱上。

一九七〇年代後期，校園連續劇正經歷重大的過渡時期。但是也正因為如此，此時博得高人氣的井上純一，也只能以偶像之姿成為過渡期的存在而已。

田野近三重奏，孕育偶像的「金八老師」

在這種情況下，從一九七九年十月開始播映第一季《三年B班金八老師》（TBS電視台，以下簡稱「金八老師」）。

主角是民歌團體海援隊的武田鐵矢。這部連續劇描述由他所飾演的老師「坂本金八」逐一解決接踵而來，發生在他帶領的櫻中學三年B班的各種問題。海援隊演唱的主題曲〈離別贈言〉也大受歡迎。由於武田大學時就讀教育學院，劇中的上課場景是必看重點之一。

這部連續劇徹底貫徹了前文提到的校園劇的新現實主義取向，具有劃時代的意義。根據教育第一線的實際情況，小山內美江子等人的劇本，細膩地刻劃出正值青春期的國三學生懷抱的各種煩惱。除了考試，與父母和朋友的關係，對戀愛的煩惱之外，也正面探討違法行為和性的問題。在「十五歲的母親」這一集裡，描述其中一名學生淺井雪乃（杉田薰飾）懷孕和分娩的內容，引發社會大眾廣泛迴響。收視率也扶搖直上，最後一集更創下39.9％的驚人記錄。

在這部作品中，演出三年B班的學生而走紅的，是隸屬於傑尼斯事務所的田原俊彥、近藤真彥、野村義男等三人。他們因為這次演出的契機，出現了很多不同的稱號，最後公司決定將三個人姓氏的第一個字連接起來，稱他們為「田野近三重奏」。

這裡出現了一個單純的問題，就是劇中嚴肅的氣氛和偶像之間所存在的落差。為什麼代表那個時代的偶像，會從追求過去未曾有過的現實主義校園連續劇「金八老師」中誕生呢？那是因為「金八老師」對學生的行為有另一種新的闡述方式。過往在校園連續劇中的學生角色，通常會分為主要角色和其他大多數人這兩種，每次故事的脈絡都會集中在主要角色的學生身上。在這種機制安排下，因為有大量曝光，所以才會出現受歡迎的人，所以井上純一等人也就在這種機制下誕生。

但是「金八老師」不同。比如在第一集中，三年B班的學生離家出走而引發騷動，這名學生的存在可說是「沒什麼特徵」，如果是傳統的校園劇，即使第一集是這樣的劇情，之後的發展應該會演變成發生在主要學生身上的故事，但這部作品卻不是。

像這樣，「金八老師」讓那些不太顯眼的學生也有了各自成為主角的集數和故事。對這部試圖描寫真實十五歲的孩子心中各種煩惱的連續劇來說，此舉也是必然的作法。透過將每位學生的故事交織在一起，產生了班級這個小團體的真實感。另外，社會上也有「金八老師」和偶像這種存在，進而引發共鳴的狀況。

我多次提到，偶像是未完成的存在；由於他們也努力成長，於是粉絲就支持著這樣的他們。「金八老師」描寫的也是那些不逃避，直接面對煩惱並同時成長的學生們，很多同世代的觀眾都將自己投射到劇中而產生共鳴。也就是說，其中存在著與偶像和粉絲關係相同的構成。

田野近三重奏就是從這樣的空間中誕生的。因此與過往傑尼斯「王子」般的偶像不同，對粉絲來說，他們的存在更為親近。這個路線轉換相當成功！傑尼斯完全恢復了生機。後來，他們三人擔綱主持的綜藝節目「田野近全力投球！」（TBS 電視台，一九八〇～一九八三年）成為黃金時期的熱門節目，三個人各自主演的電影上映，並在後樂園球場等地舉行體育場演唱會，聲勢銳不可擋。

同時間，三個人也各自以歌手身分出道。接下來，將仔細探討那個部分。

2 田原俊彥與近藤真彥，各自的軌跡與魅力

田原俊彥的落差展現出來的魅力

田原俊彥，暱稱小俊，生於一九六一年，高中一年級的時候進入傑尼斯事務所，他持續從山梨縣通車接受訓練，直到高中畢業後才正式展開演藝活動。在小傑尼斯時代，他還曾經在川崎麻世的身後伴舞。

這時，公司決定讓他參與演出的就是「金八老師」。雖然是國中生角色，但一九七九年十月開播時，他已經十八歲了。不過也不單單是因為年齡的關係，總之，他整體的感覺比其他任何學生角色都要成熟得多。

劇中的角色本身也是如此。他飾演的澤村正治，偷偷暗戀著教音樂的悅子老師（名取裕子飾），正治的父母親不在身邊，由姊姊代替父母照顧他。這個設定和前面提到的《正是青春！》劇中井上純一飾演的有澤健太相似。這個角色第一眼看上去很壞，愛裝大人卻又顯露出落寞的神情，帶有孩子氣的純真，這些落差都展現出魅力。

井上純一以歌手身分出道時，被認為是鄉廣美的接班人。同樣的，田原俊彥如果以傑尼斯的歷史來說，也跟鄉廣美的路線相關吧！他的歌手出道曲是源自西洋樂曲的〈哀愁約會〉（原曲歌名 NEW YORK CITY NIGHTS，一九八〇年），雖然是一首快節奏的歌曲，卻唱出略顯成熟的戀愛，歌詞如同標題那樣散發著哀愁，讓人想起鄉廣美在傑尼斯時代的代表歌曲〈哀愁請指教〉。

這首〈哀愁約會〉在 Oricon 週排行榜上最高名次是第二名，並連續三週在音樂排名節目 The Best Ten 中獲得第一名殊榮，創下暢銷佳績。這也是由田野近三重奏三位成員演出的校園連續劇《現在放學後》（ただいま放課後／富士電視台，一九八〇～一九八一年）的插入曲。他出道的那一年（一九八〇年）也在「NHK 紅白歌唱大賽」

中演唱，當時近藤真彥和野村義男前往幫他加油，田原在唱歌的時候他們還在他的身後伴舞。

第二張單曲〈想起她！Good〉（一九八〇年）是一首輕快的情歌，唱出在高原和網球場上與女友共度幸福時光，這是傑尼斯旗下藝人第一次獲得日本唱片大賞的最優秀新人獎。這首歌曲同時搭配在巧克力廣告中，與同時期出道的松田聖子一同演出也成為話題。

以歌手身分出道之後，田原俊彥如同這兩首歌呈現出來的曲調差異一樣，保有落差的魅力。有時會露出當時經常被模仿的那種「啊哈哈哈」天真無邪的笑容，有時又會露出若有所思的神情。這種漫不經心和陰沉之間的落差感，吸引了很多粉絲。在這個部分，他也存在著與一九七〇年代鄉廣美共通的狀況。此外，田原俊彥還充分利用自己的魅力，除了唱歌之外，他還活躍在電視劇和綜藝節目中。和鄉廣美一樣，他都隸屬於傑尼斯順應電視圈的「王子」類型中。

田原俊彥改變了歷史，傑尼斯裡的「想共渡春宵的男人」

前面提到從寫實主義為特徵的校園劇「金八老師」出發的田原俊彥，比起鄉廣美與粉絲們之間的距離感更近，因此他成為改變傑尼斯歷史的人。

女性雜誌《an.an》（MAGAZINE HOUSE）每年公布的企劃單元「最喜歡的男人」排行榜中，一九八七年的問卷調查結果，由田原俊彥獲得第一名。該雜誌的主要讀者群是二十至三十歲的職業婦女，考量這一點，更加凸顯出這個排行榜是一個劃時代的結果。在過去，一九八五年的第一名是山崎努，一九八六年的第一名則是岩城滉一，這次結果卻出現了戲劇性的變化。之前都是由成熟穩重的中年演員拿到前面名次，這次一夕之間變成了傑尼斯的偶像。（矢崎葉子《傑尼斯情結》扶桑社文庫／扶桑社，一九九四年，第27～29頁）

粉絲方面也發生了變化。正如我前面所說的，一九七〇年代的偶像不能一直是個男孩，總有一天必須長大。當然對粉絲來說也是如此！偶像只不過是十幾歲青春期一時嚮往的存在，只要過了那段時期自然就畢業了。

但是到了一九八〇年代，這種「常識」開始崩解。偶像對粉絲來說不再是一時的喜愛，即使年紀增長到了二十歲三十歲，只要自己喜愛的心沒有改變，就可以一直喜歡他們支持他們。這種看不見、水面下逐漸進展的變化，突然呈現在大眾面前的瞬間，應該就是在田原俊彥拿到「最喜歡的男人」排行榜第一名這件事上。其實一九八七年的問卷題目是「想共度春宵的男人」，這件事顯示傑尼斯不僅保留「王子」般渴望的要素，同時也成為更現實的戀愛對象。

犀利的舞姿已經成為田原俊彥的代名詞，舞蹈除了鍛鍊他身為藝人的技能，同時也更加凸顯他身為真正「王子」的魅力。

主演連續劇《老師也瘋狂》（教師びんびん物語／富士電視台，一九八八年）的老師德川龍之介一角，該爆紅的主題曲〈擁抱今晚〉（一九八八年）本身也很好聽，是一首充分展現田原舞蹈魅力的歌曲。這首歌在 Oricon 週排行榜上排名第三，並在音樂節目 The Best Ten 拿下年度第一名，成為他的代表歌曲。同樣在一九八八年的「最喜歡的男人」排行榜，田原俊彥也穩坐第一名寶座。而且當年在同一個排行榜上，同為傑尼斯藝人的東山紀之也躍居第二名。東山紀之所屬的少年隊以出色的舞蹈出名，連續發表了〈假面舞會〉（一九八五年）等熱門金曲。不只是田原俊彥，對傑尼斯來說，舞蹈成為讓女性感受到堅毅甚至是帥氣的要素。

在「非行少年」全盛期登場的近藤真彥

田野近三重奏中，在田原俊彥之後發片、出道的是綽號「火柴」（Matchy）的近藤真彥。一九六四年出生於神奈川縣，國中一年級時進入傑尼斯事務所的他，演出「金八老師」的時候，和劇中角色一樣是國中三年級生。

近藤真彥在「金八老師」劇中飾演星野清，這個角色是一個壞學生。在第七集，他突然和同學一起穿上長版學生制服（特攻服）去上學，讓金八和周遭同學們陷入恐慌。不過，與其說他們是典型的不良分子，其實倒比較像裝扮成不良分子的樣子，而且是心地善良又有些孩子氣的正義使者這樣的角色。剛好這段期間，人們開始用「非行少年」來形容這樣的壞孩子。飛機頭、太陽眼鏡、長版學生制服都是他們的註冊商標；星野清就是對這種非行少年懷抱著憧憬的年輕人之一。

此時，在偶像的世界裡也有非行少年崛起。一九八〇年，四個人組成的搖滾樂團橫濱銀蠅（正式名稱為THE CRAZY RIDER橫濱銀蠅ROLLING SPECIAL）以〈橫須賀Baby〉一曲出道，第二首歌〈不良少年High School Rock'n Roll（上學篇）〉在一九八一年大受歡迎並一舉成名。

這是一首描寫頂著飛機頭，身穿西洋學生制服（學生制服的一種）、燈籠褲（下擺和褲管寬度相同的寬褲子）造型，典型的非行少年們在廁所裡抽菸、單挑（一對一幹架），像這樣日常生活的歌曲。如同是從歌曲世界中直接走出來一樣，橫濱銀蠅在歌唱與演奏時具有真實感。至於身為「銀蠅一家」，橫濱銀蠅的師弟嶋大輔，以及紅麗威甦（演員杉本哲太當初隸屬的團體）也相繼出道，非行少年體系的偶像更加擴展了他們的勢力。

近藤真彥的出道曲〈運動鞋藍調〉發行日是一九八〇年十二月，正好是橫濱銀蠅聲勢正旺的同一時期。這首歌創下 Oricon 週排行榜初登場第一名的記錄，雖然現在看起來稀鬆平常，但是就出道曲而言，拿下初登場第一名是 Oricon 史上第一人，成為百萬暢銷作品的這件事，也是傑尼斯史上前所未有的創舉。後來他靠著〈悠然銀光中〉（一九八一年）獲得日本唱片大賞最優秀新人獎，並首次參加「NHK 紅白歌唱大賽」。

聽這些歌曲就知道，他那種宛如一股腦展現力量的獨特唱法，還是讓人感覺內心存在著非行少年的部分。非行少年的字源是「強勢」，換句話說就是自以為是和虛張聲勢的意思。就算他沒有打扮成非行少年的造型，包括歌曲在內的強烈存在感，已是其他偶像所沒有的，專屬於近藤真彥的味道。

事實上，他在同名漫畫改編，一九八二年上映的主演電影《Highteen Boogie》（導演：舛田利雄）中飾演非行少年一角。這是當時以田野近三重奏為主進行製作的「田野近超級熱門系列」第四彈，同名主題曲也大受歡迎。近藤真彥在這裡飾演的是暴走族老大藤丸翔，但是翔遇到了桃子（武田久美子飾）之後，決定退出暴走族，人生重新開始。於是兩人開始同居，可是過往的暴走族夥伴們非常不爽，加上以前很喜歡翔的女人產生的妒忌心，各種困難接踵而至。此外，翔其實出生在一個富裕的家庭，他的父母也不允許兩人交往，後來還發生桃子被暴走族同伴強暴而懷孕的事件。儘管如此，翔還是選擇跟桃子兩個人繼續他們的人生。

從「流氓」到「調皮」，近藤真彥體現的東西

這部電影的主題是：即使面臨嚴酷考驗，還是堅定不移的純愛。雖然是非行少年，卻不是單純的虛張聲勢，而是有非常堅定的意志。該電影在「田野近超級熱門系列」所有作品中創下最高票房收入。雖說田野近三重奏很受歡迎（田原和野村也在這部作品中飾演他的好朋友），但這部電影同時也是一部完整展現近藤真彥魅力的作品，可以稱之為「調皮」的魅力吧！到處惡作劇，有時又狂妄自大，認真時的樣子卻讓人沒辦法討厭他。應該用「討人喜歡的壞孩子」這種感覺來形容他嗎？而且這樣「火柴」

居然也受到比他年長的人喜愛。

近藤真彥的這股魅力也在歌唱節目的談話中，以及綜藝節目裡面發揮出來。他與The Best Ten節目的主持人黑柳徹子之間展現宛如親子般坦誠的互動，在NHK的綜藝節目「電視綜藝Fa So La Si Do」（一九七九～一九八二年）中，面對永六輔和NHK資深主播加賀美幸子時，勇敢無懼的態度也蔚為話題，在在都發揮他「調皮」的性格。

至於本業的歌手部分，他活用了前面提到的充滿爆發力的唱功，將演出逐漸轉變成搖滾色彩強烈的風格。在《Highteen Boogie》中，描寫翔的搖滾樂團收下成功的故事，與他本身也有重疊之處。如果說田原俊彥是搭配身後舞者的華麗唱跳，那麼近藤真彥就是跟著搖滾樂團的盡情嘶吼；這也是他們兩人在個性上的對比。從這層意義上，相對於田原貼近於鄉廣美，近藤則是接近同為「新御三家」的西城秀樹。這的確是隸屬於男性偶像「流氓」的路線之下。不管對他本人或是傑尼斯事務所來說，都是首次記錄的日本唱片大賞獲獎歌曲〈傻瓜〉（一九八七年）與萩原健一競爭這件事，就可看出其中的意義。

不過，與其說近藤真彥是純粹的「流氓」，用「調皮」來形容他或許比較恰當。即使隨著年齡增長，的確也增添了幾分穩重，但他最根本的部分並沒有改變。這一點與田原俊彥的「王子」一樣，近藤真彥也是粉絲們熟悉的「流氓」。拿他跟同為搖滾路線的偶像吉川晃司（一九八四年以〈莫妮卡〉一曲出道）相比，也很明顯。相對於吉川自始至終選擇正統搖滾音樂人之路，近藤真彥終究還是以傑尼斯偶像之姿，朝演藝之路邁進。

再來將介紹田野近三重奏裡，最晚以歌手出道的野村義男，並探討田野近三重奏在傑尼斯和男性偶像史之中，扮演的角色。

3 野村義男、田野近三重奏，在傑尼斯史上的意義

選擇以樂團出道的野村義男

暱稱「優醬」（ヨッちゃん）的野村義男，和近藤真彥同為一九六四年出生，東京都人。之前他曾經在電視節目中談到，自己十二歲的時候在代代木公園玩卡丁車，偶然遇到了帶著川崎麻世等人的強尼喜多川而被挖掘出道。之後他以小傑尼斯身分展開活動，並於一九七九年演出「金八老師」。

他在劇中飾演三年B班的學生梶浦裕二，人物設定是父母在家中經營公共澡堂，在第三集有以裕二為主的單元。裕二愛上了經常出入家中經營的公共澡堂的女高中

生，每天早上都為了見她一面而遲到。知道這件事之後，金八引用《萬葉集》的內容，展開一堂關於「愛」的課程。

從這集故事可以看出，裕二被描寫成一個符合國中生、純樸面的學生，位在老街的公共澡堂家中的兒子，這個設定強調了他的庶民性格。外眼角略顯下垂的容貌，也醞釀出野村義男溫柔的氛圍，與角色的形象完美契合。

他這種與田原俊彥和近藤真彥大相逕庭的個性，周遭的人理所當然期待他早日以歌手身分出道。結果，他在近藤真彥發片出道兩年多之後才正式出道。

野村義男並非對音樂不感興趣，反而是非常熱愛音樂。他還是小學生的時候就開始彈吉他，國中時接觸到「搖滾御三家」之一Char的音樂後，就深深臣服於電吉他的魅力之下。即使是在成為田野近三重奏之後，還是持續彈奏吉他。相信也有些日本人還記得，他總是離不開吉他的樣子吧！因此，野村義男發行一張個人專輯之後選擇以搖滾樂團身分出道，這在某種意義上也是必然的。

這個搖滾樂團是由野村義男、曾我泰久、加賀八郎、衛藤浩一等四人所組成的

THE GOOD-BYE。出道曲〈起伏不定 ONE WAY BOY〉（一九八三年）拿下 Oricon 週排行榜第九名，這首歌還獲得一九八三年日本唱片大賞的最優秀新人獎，至此田野近三重奏的成員全部都獲得相同獎項的肯定。

隨後 THE GOOD-BYE 以野村義男和曾我泰久的雙主唱為主，並以自創曲〈YOU 惑—MAY 惑〉於一九八四年走紅，順利展開演藝事業。他們身為樂團已經發展成熟，音樂的品質也有所提升。

但是在唱片銷量等數字面上，他卻沒辦法與田原俊彥和近藤真彥相抗衡。在 The Best Ten 介紹人氣急升的歌曲單元中，安排 THE GOOD-BYE 演唱〈起伏不定 ONE WAY BOY〉時，當天參與演出的近藤真彥半開玩笑地說「這是第一次也是最後一次演出」，結果這句話真的應驗了，這個小故事相當知名。

野村義男帶給傑尼斯的意義

然而，風靡一世的田野近三重奏成員之一的野村義男選擇搖滾樂團之路，這對傑尼斯來說具有非常重大的意義。

前面提到，一九七〇年代後半曾經有LAZY和「搖滾御三家」等搖滾樂偶像掀起熱潮。乍看之下THE GOOD-BYE也跟他們類似，但他們並不是從音樂人變成了偶像，而是從偶像變成了音樂人，這一點跟過往的發展向量是相反的。

其實在傑尼斯的歷史上，並非從來沒有以樂團出道的案例，但絕大部分都是兼任其他傑尼斯旗下藝人的演奏樂團，在傑尼斯內部勉強保住了樂團形式的命脈。（矢崎洋子《傑尼斯輪迴論》太田出版，一九九六年，第89頁）因此，THE GOOD-BYE的出道和成功都是劃時代的事。有別於傳統歌唱舞蹈團體的流行樂團組合，這個契機也幫傑尼斯奠定了基礎。

一九八五年，以小傑尼斯成員組成的樂團型態團體「男闘呼組」，歷經成員更換後，最後決定出成田昭次、高橋一也（現為高橋和也）、岡本健一、前田耕陽等四個人。他們分別參與電視劇和綜藝節目演出提升知名度後，於一九八八年以〈DAYBREAK〉一曲出道，並一舉獲得 Oricon 週排行榜第一名而走紅，除了拿下唱片大獎最優秀新人獎之外，還首次登上「NHK 紅白歌唱大賽」。隨後他們也以〈TIME ZONE〉（一九八九年）等作品達成出道後連續四首單曲拿下 Oricon 週排行榜第一名的壯舉。

當時，男鬪呼組與光 GENJI、少年忍者（後來的忍者）一起被稱為「少年御三家」，一九八八年三組人馬共同舉辦了武道館演唱會。男鬪呼組能夠與當時擁有爆炸性人氣的光 GENJI 並列，或許也可說是 THE GOOD-BYE 播下的種子已經確實發芽的證據吧！而且這股潮流，更進一步由一九九四年正式出道的 TOKIO 繼承。

從田野近三重奏身上發掘的「平凡男孩」的魅力

本章到目前為止，我們探討了從田野近三重奏誕生之後三個人各自的優異表現。

在此我想稍微聊一下田野近三重奏這個團體在傑尼斯歷史上，甚至是男性偶像史上具有什麼樣的意義。

前面已經多次談到男性偶像有「王子」和「流氓」這兩大類型。但是以個性上來說，田野近三重奏同時含有兩者的成分，並成為催生「平凡男孩」這個嶄新路線的第一步。

的確，田原俊彥屬於「王子」，而近藤真彥則隸屬於「流氓」。但是如前一節所述，田原俊彥是以「想共度春宵的男人」成為現實中的戀愛對象，近藤真彥則是以無法被討厭的「調皮」受到喜愛。對我們來說，這兩人就是大家身邊的「王子」和「流氓」，意味著兩者的部分基礎都源於「平凡的男孩」。

關於這一點，有「金八老師」這類新型態校園連續劇的存在是很重要的。懷抱著各種煩惱的中學生，他們真實的姿態在連續劇中描繪得讓人心服口服，也讓身為觀眾的我們發現「平凡男孩」的魅力，那就是田野近三重奏。

實際上這個設計的優異之處在於，從這條「校園連續劇」路線相繼誕生的沖田浩之、光一平（均為「金八老師」第二季）、苦柿隊（二年B班仙八老師／TBS電視台，一九八一～一九八二年）等人，都不限於是傑尼斯的偶像。觀眾會感覺到：好像在以歌手出道之前，就已經相當了解他們了。

相信，各位應該已經看出他們與小傑尼斯的出道結構類似。小傑尼斯也因為出道前就站上舞台，所以獲得早日被粉絲發現的機會。如果這麼想，我們可以說傑尼斯已經具備最大限度，活用「金八老師」這類新型態校園劇的基礎。這一點也足以說明為什麼一九八〇年代之後男性偶像，都被傑尼斯壟斷的原因吧！

不過在田野近三重奏之後出道的傑尼斯偶像，並非全部都是「平凡男孩」。把少年隊和光GENJI等人認定為傳統的「王子」，或許會比較正確，而男鬪呼組則是追隨了「流氓」偶像的正統流派。

其中一項，與電視的密切關係不同。的確，在一九八〇年代之後出現的傑尼斯偶像，參與音樂節目以外的連續劇和綜藝節目演出，都變成理所當然的事。但是與田野近三重奏不同的是，電視節目（在這裡指連續劇）本來就不是他們出道的直接管道。

這意味著「平凡男孩」路線真正的開花結果，不得不等到一九九〇年代SMAP主持電視綜藝節目這個契機之下，才造成轟動。針對這一點，稍後會再次探討，但在那之前，我想關注八〇年代的搖滾樂偶像，尤其是位居重要位置的方格子樂團與吉川晃司。

4 方格子樂團與吉川晃司，一九八〇年代搖滾偶像的軌跡

〈涙水的請求〉刻劃出「超越時代的鄉愁」

福岡縣久留米市因為是松田聖子的出生地而聞名。松田聖子於一九八〇年出道，大約三年後的一九八三年九月，同樣來自久留米市的七人樂團「方格子樂團」（THE CHECKERS）也正式出道，成員出生在一九六二到一九六四年間，業餘時期因為在山葉主辦的輕音樂大賽九州大會的青少年組贏得大獎而受到注目，最後決定到東京發展。（方格子樂團《加油！方格子樂團》扶桑社，一九八四年，第63～64頁）

方格子樂團的出道曲是〈鋸齒之心的搖籃曲〉，從一開始的「我從小就是壞孩

子，十五歲被稱為流氓」這句歌詞，就讓人聯想到當時蔚為趨勢的「橫濱銀蠅」那種非行少年的流氓性。雖然採用流行音樂的編曲，但旋律卻是一首色彩濃厚，讓人聯想到七五調歌詞等日本傳統歌謠的樂曲。

對於方格子樂團的成員來說，出道前在久留米的表演是Doo-wop等美國流行音樂的風格，明顯和出道後的感覺不協調，即便那時藤井郁彌已經充分展現他那具有挑逗性的歌聲，但是當時的銷量並不好。

當時和〈鋸齒之心的搖籃曲〉一起成為出道曲的候選歌曲是〈淚水的請求〉，作詞人賣野雅勇堅信〈淚水的請求〉一定會大受歡迎。當他聽聞製作人告訴他，方格子訴求的概念是「八〇年代的老歌」時，基於方格子樂團是一支Doo-wop樂團的事實，他便試圖在歌詞裡添加一九六〇年代風格的洛卡比里元素，具體的印象就是電影《美國風情畫》（American Graffiti／導演：喬治．盧卡斯，一九七三年）的世界觀。在這部電影裡，身為主角的男孩為了送一首歌給比他年長的女生，向DJ狼人傑克點歌的場景就是發想的來源。（賣野雅勇《砂的果實——80年代流行歌曲黃金時代衝刺的

日子》朝日新聞出版，二〇一六年，第151頁）

一九八四年一月，他們發行第二張單曲〈淚水的請求〉並拿下 Oricon 週單曲排行榜第二名，以及音樂排名節目 The Best Ten 第一名佳績而爆紅。之後〈悲傷的忌妒〉（一九八四年）、〈星塵舞台〉（一九八四年）、〈茱莉亞心碎〉（一九八四年）等同樣路線的歌曲屢創佳績，掀起一股爆炸式的人氣。

為這一系列歌曲作詞的賣野雅勇表示，方格子樂團的歌曲魅力在於「令人懷念同時又心生嚮往的心情」和「鄉愁」。這意味著歌曲「可以窺見心中的原始風景，有一種美妙的力量」，依據賣野的說法，這股力量正是熱門歌曲所不可或缺的東西。（同書第155～156頁）換言之，就是貫穿各世代內心的「超越時代的鄉愁」，這就是方格子樂團的歌，以及歌曲的魅力所在。

體現「流行音樂流氓性」的方格子樂團

另一方面，方格子樂團的宣傳策略又與鄉愁不同，而且是做與時代最前端交會的東西。

聽到方格子樂團時，相信很多日本人腦中都會浮現主唱藤井郁彌等人一搓搓的頭髮，以及獨特的長瀏海，外加所有成員所穿著的格子裝。其實不需要聯想到灣市狂飆者合唱團和LAZY，因為他們的確承繼了偶像搖滾樂團的路線。主唱藤井郁彌、副主唱高杢禎彥，以及同為副主唱的鶴久政治等前排三人，跳著決定好的舞步動作等表演，就視覺的製作面來說，都經過縝密的設計。

這樣的安排，當初他們的心中並非沒有不滿。藤井郁彌臉上露出身為音樂人的自負回憶道：「一開始我們被當成偶像那樣銷售，或多或少都有些排斥。不過與其大驚小怪的，我想讓更狂熱的人們也能認同我們。」但是沒過多久，連他都改變了想法。「方格子樂團這樣就好了，（省略）很高興可以正式出道，可以做各式各樣的事情，結識各種不同的人。」」（前述《加油！方格子樂團》第99頁）

藤井郁彌之所以會這麼說，其背景是因為，一九八〇年代是偶像與最流行的大眾文化有著密切關係的年代。不僅是歌手，方格子樂團還具有應該稱之為大眾文化標記的一面。

在這個面向之下，身為經紀人並展現過人功力的，是以才華洋溢著稱的秋山道男。他編輯過書籍和雜誌、作詞作曲，還曾經擔任過演員，發揮多樣化豐富才能的秋山，也活躍在商店和品牌形象等製作宣傳行業。當中的一個專業領域是偶像經營，和小泉今日子一起進行製作的就是方格子樂團。

比方說，方格子樂團主演的電影《CHECKERS IN TAN TAN 狸貓》（導演：川島透，一九八五年）就是很好的例子。與田野近三重奏的電影「田野近超級熱門系列」一樣，透過東寶發行，是當時積極製作的偶像電影中的其中一部，秋山就是負責這部作品的最初提案人。

在這部電影中，方格子樂團的成員飾演他們自己。故事設定他們出於某種原因而變成狸貓，這時「鎖定他們的組織」引起了相關的騷動，超自然的演技和他們演奏熱門歌曲的場景，交錯呈現，是一部票房收入高達十一億日元的熱門作品。

大家都知道，這些設定和故事都來自披頭四樂團的電影《Help! 四人是偶像》（披頭四的第二部電影）。這部由搖滾樂團演出的經典偶像電影，影響了 The Spiders 等由GS主演的電影，而《CHECKERS IN TAN TAN 狸貓》也是如此。方格子樂團實踐了：即使同樣是流氓性，也有所謂「大眾的流氓性」濃縮在其中。

主演電影出道的吉川晃司

比方格子樂團稍晚，直到一九八四年二月才出道的是吉川晃司。

一九六五年出生於廣島的吉川，國高中時期因身為水球選手廣受矚目，並且是有能力成為日本代表隊選手的明日之星。不過，隨著當時並行的搖滾樂團在當地走紅，讓他毅然決然的投身到音樂世界中。

此時，有一封信送達位在東京的渡邊藝能事務所。這是一位自稱是廣島女高中生稍來的信，內容寫到「家鄉有位名叫吉川晃司的帥氣明日之星，希望你來看他的演唱會。」隨後，前去觀看表演的渡邊藝能事務所人員親眼見證了吉川的演唱會動員能力，推薦給社長渡邊晉，試鏡之後決定讓他加入。（野地秩嘉《開創娛樂事業的男人——渡邊製作所和那個時代》新潮社，二〇〇六年，第213～214頁）

其實這封信是吉川晃司本人寫的，千方百計想進入娛樂圈的吉川，因為當時渡邊藝能事務所旗下有澤田研二等搖滾歌手，所以才會以女高中生身分寫信給渡邊藝能事務所。（同書第214頁）

渡邊晉買單了吉川晃司的未來性，接著突然決定執行大手筆計劃，讓他以主演電影的方式出道。就是由大森一樹執導的《素寒貧之路》（一九八四年），電影雖然是虛構的故事，卻與吉川晃司的真實人生重疊。

吉川晃司飾演從廣島來到東京的高中三年級生民川裕司，就在他靠打工維生，從一家店換到另一家店時，在樂團唱歌的姿態受到注目而被挖掘。但是因為和經紀人的方向性有落差，所以一直都紅不起來。此時裕司靈機一動，決定退出樂團後隻身投入音樂世界。公司最後決定安排他出道，並一舉收下巨大的成功。

這是一部巧妙融入悲傷戀愛故事和夢想受挫等內容的青春電影佳作，另一方面也成為吉川晃司的宣傳錄影帶。比方說在電影開頭，吉川在東京灣以完美的蝶式泳姿登場，讓觀眾驚豔不已。當然，這是為了展現他透過水球所鍛鍊出來的高挑身材的肉體美和運動能力。後來，「肩很寬」成了吉川晃司的代名詞，說它成為決定性的形象一點也不誇張。

在這部電影中他也演唱了自己的出道作品〈莫妮卡〉（一九八四年），副歌不斷重複著 Thanks，是一首令人印象深刻的搖滾曲調樂曲，他穿著粉色西裝展現華麗後空翻和垂直抬腳的樣子，也很受歡迎。當他在 The Best Ten 節目中回到廣島的母校泳池畔演唱之際，最後以一記後空翻跳入泳池的華麗演出，也引爆話題。

在電視和搖滾樂之間

關於吉川晃司在電視上的演出，同樣的，他也抱持著搖滾音樂人特有的心理矛盾。正如之前提到的，這與一九七〇年代「搖滾御三家」之一的Char的內心感覺相似。「我的確參與了流行歌曲界的新人獎競賽，也獲得了新人獎，但是我不想順著事務所鋪設的軌道前進。我想自己成為自己的製作人，我想以搖滾歌手吉川晃司活下去。」（同書第218頁）

在一九八〇年代，搖滾樂已經與電視建立了更緊密的關係。中山美穗的連續劇處女作《每次都引起騷動》（每度おさわがせします／TBS電視台，一九八五～一九八七年）由搖滾樂團C-C-B演唱的主題曲〈Romantic不停歇〉（一九八五年）因此爆紅，所有團員都頂著一頭鮮豔的頭髮成為熱門話題。方格子樂團也經常在「感謝隧道二人組的每個人」（富士電視台，一九八八～一九九七年）節目中與隧道二人組一同演出短劇，從這裡也可看出搖滾樂與電視攜手的傾向。

在這樣的時代，吉川晃司可說是一個異類，他持續出現在電視音樂節目中，卻又同時主張他的搖滾樂音樂家身分，這一點跟西城秀樹是共通的。

獨特的捲舌唱法就是他的主張之一，「所以～我～」這句歌詞用捲舌方式演唱，企圖營造出搖滾般的動感。這個唱法的啟發，來自於原田真二和佐野元春。（《吉川晃司「對我而言唱歌就是我意氣昂揚的人生」》AERA.dot，二〇一四年九月十五日號。朝日新聞出版／https://dot.asahi.com /wa/2014091200059.html?page=1）。原田真二的名字會出現在這裡，可以看出前面提到過的他身為「搖滾御三家」直系這件事。

但是這樣的自我主張有時也會引起爭議與波瀾。當安．劉易斯在「深夜的熱門錄音室」節目演唱〈六本木自殺〉時，一同合唱的吉川晃司因為與安．劉易斯身體有密切接觸，性感撩人的表演引發熱議。

一九八五年在「NHK 紅白歌唱大賽」的演出更是震驚社會，這一年首次站上紅白舞台的吉川晃司，演唱〈令人討厭的 NEW 面孔〉（一九八五年）時，在舞台上灑香檳，並且點燃吉他進行破壞，這些演出都沒有事先告知 NHK。這件事讓 NHK 的態度轉為強硬，導致吉川遭受到長期禁止演出的處分。

對現行流行歌曲界和娛樂圈累積挫敗感的吉川晃司，決定在一九八八年成立事務所宣布獨立，並開始他的搖滾樂音樂人生涯。一九八八年他與 BOØWY 的吉他手布袋寅泰組成 COMPLEX，製作〈BE MY BABY〉（一九八九年）這首熱門歌曲。隨後他回歸個人音樂家身分，現在則是身為一位演員，也擁有著強烈的存在感。

方格子樂團解散和「潮團天國」熱潮

一九九二年，方格子樂團宣布在當年的年底解散。那一年的「紅白」成為他們最後的舞台演出。雖然不是壓軸，但在當時嚴格規定每人只唱一首歌的「紅白」同意他們表演〈鋸齒之心的搖籃曲〉和〈淚水的請求〉等五首的組曲，這可說是前所未有的特殊禮遇。也正如我之前提到的，這讓人想起搖滾樂和電視緊密結合的那個時代。

但是另一方面，搖滾樂與電視之間的關係也即將發生變化。

一九八九年開播的深夜節目「三宅裕司的潮團天國」（TBS 電視台，一九八九～一九九〇年，簡稱イカ天／Ikaten）是一個業餘樂團相互競爭、角逐勝利的音樂節目，樂團類型從正統到稀奇古怪的都有。各式各樣的樂團呈現出充滿熱力的演奏和演出，並贏得滿堂彩。潮團天國的熱潮已然到來，包括 FLYING KIDS、BEGIN、Tama、BLANKY JET CITY 等眾多人氣樂團輩出。

同一時間，在大阪被稱為「城天」的街頭現場表演也受到注目。在大阪城公園進行街頭現場表演的業餘樂團越來越受到歡迎，其中之一就是射亂Q。射亂Q在 NHK 主辦的業餘樂團大賽「BS 青春戰鬥」中獲得第一名，一九九二年正式在主流市場出道，並以〈單人床〉（一九九四年）和〈狡猾的女人〉（一九九五年）一舉成名。

一九九〇年前後的樂團熱潮，與流行歌曲的衰退同出一轍。同時期，與流行歌曲處在對等關係的「深夜的熱門錄音室」和「The Best Ten」等老牌電視音樂節目也相繼結束。因此，嚮往搖滾樂的歌手沒有必要再像以前一樣，出現在以流行歌曲為主的音樂節目中做宣傳，搖滾樂和電視合而為一的時代到此宣告結束。

另一方面，偶像歌手與電視之間的密切關係，則持續到一九八〇年代，更延續到之後。至於在男性偶像中，成為主角的依舊是傑尼斯。

5 苦柿隊、少年隊、以及光 GENJI 風潮

以電視為大本營的苦柿隊

在田野近三重奏之後出道，匯集高人氣的是同為三人組合的苦柿隊，他們出道的過程也相當類似田野近三重奏。與《三年B班金八老師》同時段播出的校園連續劇《二年B班仙八老師》，當中演出學生角色的幾位年輕人，後來組成了苦柿隊。流氓類型的藥丸裕英、王子類型的本木雅弘，加上溫柔的布川敏和，三個人之間的平衡感也讓人聯想到田野近三重奏。

苦柿隊一九八二年以〈NAI‧NAI 16〉一曲成為歌手出道，並以第二首單曲〈100%…SO或許吧！〉獲得該年度日本唱片大賞最優秀新人獎。可能是因為當時站在C位的是藥丸的關係，導致他們有很多歌曲都讓人感受到當時蔚為潮流的非行少年元素。儘管如此，偶爾還是會出現「別再手忙腳亂了！世紀末要來了唷！」出自〈NAI‧NAI 16〉這類略帶滑稽風的歌詞，此舉又與同為非行少年路線的近藤真彥呈現出不同的個性。

與苦柿隊同時期的還有小泉今日子、中森明菜、松本伊代、堀智榮美、早見優、石川秀美等當紅偶像歌手，她們有著「花之82年組」的稱號。苦柿隊成功的時代背景，除了傑尼斯的大躍進之外，也與一個偶像全盛期的到來有關。

支撐這些偶像歌手們的高人氣，就是「深夜的熱門錄音室」和「The Best Ten」等電視音樂節目。從田野近三重奏和松田聖子開始，一九八〇年代前半的電視圈和偶像之間的關係，可說是一體同心般密切的時期，當然「花之82年組」活動的主要舞台也是電視。

苦柿隊擁有已經開始展露主持長才的藥丸裕英，而本木雅弘和布川敏和也都各有特色，他們在「青春演唱錄音室」（東京電視台，一九七七～一九八七年）這類綜藝色彩濃厚的節目中也相當活躍。這一點承繼了田野近三重奏在「田野近全力投球！」等綜藝節目中展現的風潮。苫杮隊，可說是以電視圈為主場的典型傑尼斯偶像。

少年隊繼承了音樂劇路線

少年隊則是在一九八五年正式出道。少年隊在當時原本是小傑尼斯的總稱，在一九八一年時，是為了參加電視音樂節目演出而選拔出三位成員組成「傑尼斯少年隊」。隨後，包括原始成員錦織一清和植草克秀，以及因為更換成員而加入的東山紀之，誕生了現在的少年隊。

他們的舞蹈功力和歌唱能力從一開始就受到高度評價，正式以歌手身分出道之前便單獨參加過「深夜的熱門錄音室」演出，也舉辦過演唱會。如我多次提到的，小傑尼斯的機制是要帶給粉絲們發現「逢低買進」的樂趣，而將這個效果發揮到最大化的例子之一就是少年隊。

因此，少年隊發片出道是粉絲們引領期盼已久的事。終於，他們在一九八五年十二月發行出道曲〈假面舞會〉並拿下 Oricon 週排行榜初登場第一名，以及一九八六年度的 Oricon 年度排行榜第三名等優異記錄。和苦柿隊一樣，他們靠這首歌獲得日本唱片大賞的最優秀新人獎。順帶一提，相信很多日本人都知道，少年隊首次參加該年的「NHK 紅白歌唱大賽」時，白組主持人加山雄三以「假面騎士！」來介紹這首歌的小插曲。

這首〈假面舞會〉包括歌曲名稱，以及充滿戲劇性的前奏，在在都令人聯想到音樂劇的表演。在音樂節目裡展現「後空翻」等，交織著特技表演的華麗舞蹈也更增添這層印象。實際上，在第二首單曲之後也有〈只為你〉（一九八七年）等熱門金曲連發，並成為音樂節目的常客。另一方面，少年隊也積極安排舞台劇演出，最大的成果就是他們主演的原創音樂劇 PLAYZONE。一九八六年開始，PLAYZONE 每年都在青山劇場上演，一直持續演出到二〇〇八年為止，而且演出內容每年不同，原則上都會有一個以歌唱和舞蹈為主而展開的基本故事，並加入飛行這類華麗絢爛的舞台演出，以及許多引人發笑的談話單元。以綜合式娛樂為目標這一點，是一貫不變的原則。毋庸置疑，這就是承繼了以美國娛樂事業為出發點，立志打造原創音樂劇的傑尼斯事務所創始者強尼喜多川的夢想。PLAYZONE 第一年邀請了麥可傑克森〈顫慄〉的編舞老師 Michael Douglas Peters 一同參與，大概就是想要展現熱情的表現吧！（東山紀之《川崎小子》朝日新聞出版，二〇一〇年，第128頁）

此外，錦織一清透過 PLAYZONE 系列開始自己寫腳本，並著手安排演出，更成為現在仍持續演出的 KinKi Kids 堂本光一主演的音樂舞台劇 SHOCK 系列誕生的契機。強尼喜多川的舞台劇精髓和技術由所屬事務所的藝人繼承，從這一點來看也是相當重要的作品。

「光 GENJI 現象」的意義

苦柿隊和少年隊的成員，都是一九六五年至一九六六年出生的同個世代，但是在演藝活動的形態上，卻存在著電視和舞台劇這個明顯的對比。

之前也說明過，田野近三重奏是從連續劇《三年B班金八老師》誕生的偶像。如果說一九六〇年代以後傑尼斯的原點是舞台劇，那麼到了一九八〇年代，演藝活動的地點更增加了電視，而且比重還急劇攀升。苫柿隊和少年隊的路線差異也反映了這樣的歷史變化。

就在此時，光GENJI宛如彗星一般登場了。不只是在傑尼斯內部，他們在男性偶像的歷史上也掀起了前所未見的爆炸性熱潮。

七人組合的光GENJI，是由五人組合GENJI（諸星和己、佐藤寛之、山本淳一、赤坂晃、佐藤敦啓／現為佐藤アツヒロ）和二人組合「光」（內海光司、大澤樹生）合體而成。當時年少組的GENJI已經在電視圈和雜誌上展開演藝活動，然後再追加了年長組的光（在那之前他們待在另一個叫「老鷹」的團體）。

光GENJI在一九八七年以〈STAR LIGHT〉出道。這首歌是恰克與飛鳥（歌詞只有飛鳥涼經手）的作品，唱出單戀中少年那種痛苦卻又真摯的心境。在某種意義上，這首歌可說是偶像歌曲的王道，極具規模感的旋律和編曲令人耳目一新。

當時〈STAR LIGHT〉獲得 Oricon 週單曲排行榜的初登場第一名，以及年度排行榜第四名的佳績，光從這一點就可以看出光 GENJI 受歡迎的程度。隔年他們又在一九八八年度的 Oricon 年度排行榜中，創下以〈銀河天堂〉、〈玻璃的十代〉、〈Diamond 颶風〉獨占前三名的壯舉，而且還靠著〈銀河天堂〉在出道第二年就獲頒日本唱片大賞，整個日本都颳起了光 GENJI 旋風。

光 GENJI 還受歡迎的原因之一，就是穿著堪稱是代名詞的溜冰鞋所進行的華麗演出。在歌曲的間奏部分，成員們穿著溜冰鞋盡情在舞台上奔馳，甚至還表演了旋轉和後空翻動作。這種華麗感和速度感，讓他們的偶像性格更加突出。

為什麼選擇溜冰鞋呢？這一點很符合傑尼斯的風格，與音樂劇有關。當時有一部源自倫敦，名為《星光快車》（Starlight Express）的音樂劇風靡全球，其主要演出亮點是表演者穿著溜冰鞋在舞台上奔馳，而〈STAR LIGHT〉這首歌的歌名就取自音樂劇的部分標題，因為該劇要在日本公演，所以得製作一首形象歌曲（傑尼斯藝人川崎麻世亦參與音樂劇的演出）。日本公演的主辦單位是富士產經集團，是當時商業媒體的收視率第一名保證，銳不可擋的富士電視台也大力進行宣傳。宣傳的其中的一環，就是出道前的光GENJI在一九八七年夏天，會在由富士產經集團舉辦的「通訊嘉年華 夢工廠'87」活動會場上，透過富士電視台的現場直播節目中，演唱〈STAR LIGHT〉。

換言之，光GENJI誕生於一九八〇年代，處在相互抗衡的傑尼斯舞台導向和電視導向融合的瞬間。他們所蘊含的巨大能量，在泡沫經濟時期被一種特殊的昂揚感支撐，進而成為社會現象。

進入SMAP時代，傳統的男性偶像形象終結？

這樣的光GENJI以類型上來說，似乎是傑尼斯的原點「王子」偶像的終極形態。包括會讓人聯想到「光源氏」的團名，歌曲名稱中STAR、玻璃、銀河等象徵的閃閃發光的感覺，以及他們突然顯現在臉上的悲傷和無奈，讓多數十幾歲的年輕女性們為之瘋狂。

另一方面，他們並不是出現在童話故事中的傳統王子類型。例如主要成員之一的諸星和己是調皮的類型，大澤樹生則是冷酷的類型，這裡就可看出具體呈現的「王子」也會隨著時代而進化。

然而「光 GENJI 現象」可說是從一九七〇年代以來，一直延續的傳統男性偶像最後的光輝。光 GENJI 在八〇年代後半登場，剛好是昭和末期。因此，在那之後的平成時期的男性偶像，都被要求得樹立出一個全新的偶像類型。

肩負起先驅者角色的是在光 GENJI 背後伴舞的六個男孩們，是從光 GENJI 身後伴舞的小傑尼斯中，有一個名為「滑板男孩」的十人左右團體。後來傑尼斯又從十名成員中選出六位組成一個新的團體，將他們命名為 SMAP。

那麼，他們又是如何塑造出平成時期的全新男偶像形象呢？將在下個章節中介紹。

第五章

SMAP與舞蹈偶像的抬頭：一九九〇年代的嶄新男性偶像群像

隨著田野近三重奏的出現，傑尼斯在一九八〇年代重振旗鼓，之後也誕生了許多人氣偶像，成為男性偶像界的一股強大勢力，九〇年代 SMAP 的出現更是奠定傑尼斯不可動搖的地位。在這個章節裡，我想仔細探討 SMAP，並且討論同樣在九〇年代聲勢看漲的舞蹈偶像。

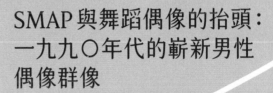

1 SAMP 登場與爆紅的軌跡

從滑板男孩到 SMAP

在前輩團體的身後伴舞同時累積經驗，並讓粉絲認識他們的存在，針對這個小傑尼斯的機制我就不再贅述了。當時在光 GENJI 身後跳舞的小傑尼斯共有兩個團體，分別是平家派和滑板男孩。

平家派包括城島茂（TOKIO）和坂本昌行（V6）等現在依然活躍在傑尼斯的成員，以及後來以演員「反町隆史」出名的野口隆史也隸屬於這個團體。不過成員的編制不是固定而是流動的，這也是按照傑尼斯的慣例，這一點在滑板男孩也是如此。例如國分太一（TOKIO）等人不僅是滑板男孩的成員，有一段時期也是平家派的成員。漸漸地，滑板男孩以十二人編制出現在偶像雜誌上。當時的標題是：SMAP 時代的滑板男孩。

SMAP 是由 Sports Music Assemble People 的第一個字母並列而成。可以解讀成「運動和音樂將人們連結起來」或者「集運動和音樂於一身的人們」，無論哪一種都是以光 GENJI 的溜冰表演為主軸，可以看出其中蘊含著讓下個世代繼承「運動和音樂融合」這件事的意圖。

隨後在一九八八年，一個以 SMAP 作為團體名稱的團體正式成立，成員包括以滑板男孩進行演藝活動的中居正廣、木村拓哉、稻桓吾郎、森且行、草彅剛、香取慎吾等六個人。一九七二年出生的中居和木村是高中一年級，稻垣和森是國中三年級，草彅是國中二年級，香取則是小學六年級生。

SMAP的「誤判」

最初SMAP的宣傳方式，理所當然地沿用一九八〇年代傑尼斯復活之際的成功模式。比方說，森且行在一九八八年播出的「金八老師」中，飾演第三季的學生谷口健治，在片頭字幕的上學場景，森獨自一人溜著滑板登場，相當引人注目。他在歌手出道前的連續劇演出，就是仿效田野近三重奏的成功案例。

同樣在一九八八年，所有成員一同主演的東京電視台校園連續劇《危險少年III》開播。不過，SMAP成員是以本人角色出現，中間還穿插了綜藝單元，但與其說是連續劇，其實是以讓世人知道偶像SMAP的存在和魅力為優先宣傳重點。同系列的第一部和第二部也是類似的內容，是由光GENJI主演。從這一點就可以知道，他們肩負著繼任團體的期待而被重用。

之後SMAP的活動範圍也擴展到眾多領域。一九八九年所有成員擔任固定班底的綜藝節目《偶像共和國》（朝日電視台，一九八九～一九九一年）開播，從西武園遊樂園進行現場直播，光 GENJI 和小傑尼斯也參與演出，同年還推出一款名為 SMAP 的飲品，他們也參與飲料廣告演出。此外，一九九一年他們還演出了音樂劇《聖鬥士星矢》。

在個別成員部分，森且行打頭陣以演員身分展開演藝活動。繼森之後，稻垣吾郎則演出了 NHK 晨間連續劇《青春家族》（一九八九年），並以《永別了親愛的黑幫》（導演：和泉聖治，一九九〇年）首次登上大螢幕。中居正廣、草彅剛和香取慎吾等人則是一同演出《時間到了，平成元年》（TBS 電視台，一九八九年），中居和稻垣還演出富士電視台的校園劇《校園封神榜！》（一九九一年）。另一方面，木村拓哉則是從舞台劇出發，演出一九八九年由唐十郎原作，蜷川幸雄執導的舞台劇《導盲犬》，隨後也加入《弟弟》（TBS 電視台，一九九〇年）等電視劇的演出。

這樣看來，以團體形式活動的同時，成員的各別活動也引人注目，而且無論是團體還是個人，在戲劇、綜藝節目、廣告、電影和舞台劇等，演藝活動範圍相當廣泛。從這裡可看出，靠著田野近三重奏復活之後，推出了包括苦柿隊、少年隊和光 GENJI

等成員個性不同的團體並大舉成功，讓傑尼斯團體的演藝活動選項更增添了多樣性。

到了一九九一年九月，已經鋒芒畢露的 SMAP 以歌手出道。這次的事前宣傳也沒有馬虎，因為該年元旦他們就已在日本武道館舉行了首場演唱會。出道前就在武道館開演唱會可說是史上頭一遭，而且以他們當時的平均年齡來說，更是史上最年輕的演唱者。出道曲〈Can't Stop!! -Loving-〉如同曲名，是一首傾訴對喜愛的女孩懷抱滿溢的感情，直率又帶些青澀感的情歌。此外，他們還將團名「S.M.A.P. SMAP！」加入歌曲中，用歌曲自我介紹也是偶像出道曲常見的面向。

不過，最重要的銷售量並未按照計劃進行。因為同一時期剛好遇到創下雙百萬空前銷量記錄的恰克與飛鳥〈SAY YES〉正在熱賣，所以出道曲在 Oricon 週單曲排行榜也只拿到第二名。首週的銷量也未達十萬張，這樣的排名和銷售量，以身為光 GENJI 後繼團體的期待來說，不盡理想。換句話說，傳統的成功模式並不適用！

成為分水嶺的歌曲〈加油吧〉

其中的原因可能有很多，最大的因素就是隨著時代轉變，熱門歌曲的誕生機制產生變化。從昭和變成平成之際，也就是一九九〇年前後，深夜的熱門錄音室、The Best Ten、歌曲 Top 10（日本電視台，一九八六～一九九〇年）等代表那個時代的長壽音樂節目陸續停播。這與從一九六〇年代以來，隨著電視的發展，流行歌曲整體出現衰退表現，是一致的。於是，過去觀眾在電視音樂節目中聽了新歌之後去買唱片和 CD，因此成為熱門歌曲的傳統架構順勢崩壞，而且 SMAP 剛好就在這個時間點出道。從這個意義上來說，光靠他們本人的努力，但卻無濟於事的部分也占不小比例。

相對地，熱門歌曲誕生的全新方式是成為連續劇主題曲，或是商業廣告歌曲。如各位所知，攔截 SMAP 的出道曲拿下第一名的〈SAY YES〉同時也是創下高收視率記錄的月 9 連續劇《第 101 次求婚》（富士電視台，一九九一年）的主題曲。

結果，SMAP 直到出道兩年半之後的第十二張單曲〈Hey Hey 謝謝光臨〉

（一九九四年）才首度拿下 Oricon 週排行榜第一名。雖然他們沒有來自關西的成員，但歌詞卻帶有關西腔字眼，是一首有點奇怪的歌曲。同時，它也是所有成員都參與演出，和單曲發行日同一天上映的電影《足球風雲》（導演：大森一樹，一九九四年）的插入曲。

當我們看後來的 SMAP 發展軌跡時，其實在稍早之前就已經出現音樂方面的轉機了。SMAP 的單曲銷量從一九九三年十一月發行的第十張單曲〈$ 10〉開始出現明顯的上升氣流。雖然在 Oricon 週排行榜的最高名次是第五名，但是這首歌成為長銷作品，累計銷售量也首次超過三十萬張。

發行前的過程，對於出單曲的偶像來說也是不尋常的。最初〈$ 10〉這首歌並不是為了 SMAP 而寫的單曲，是作詞作曲的音樂人林田健二自己要唱的歌。由於森且行很喜歡這首歌，並在 SMAP 的演唱會上演唱之後，才有了發行單曲的計劃。（中居正廣《SMAP MIND——中居正廣音樂對談 Vol.2》幻冬舍，一九九七年，第180頁）

因此，〈$ 10〉的曲調和歌詞都與過往 SMAP 的風格大不相同。以黑人音樂為基礎的放克曲調，外加唱出大人戀愛的性感歌詞。這對出道以來唱了很多符合偶像應有的清爽歌曲和動漫主題曲的 SMAP 來說，是一個很巨大的轉變。

SMAP 當然有自己的想法，也可以認定這是傑尼斯特徵之一：音樂面的進取心。就像初代傑尼斯為了進修而去美國一樣，傑尼斯一直都有那種想要掌握那個時代的世界潮流的欲望。到了一九九〇年代，更是大膽引進最前端的音樂趨勢，並企圖讓它成為受日本大眾支持的良性循環。

這件事以 SMAP 來說，最具代表性的就是一九九四年九月發行的〈加油吧〉（がんばりましょう），它拿下 Oricon 週排行榜初登場第一名，銷量超過二十三萬張，累計銷量也超過七十二萬張，這個時候 SMAP 可說已經確實建立起身為歌手的人氣。

這首〈加油吧〉就是積極採樣口語詞彙，並引用當時流行的曲調而暢銷。Hey Hey Hey Girl～的副歌旋律，正是取自一九八〇年靈魂音樂歌曲的副歌，前奏部分也加入了歌舞伎的呼喊聲，以及美國音樂家「王子」歌曲的旋律。

除了採用最先進的方式精心製作之外，整體而言，讓人不禁想跟著哼唱，具有大眾性這一點也不容忽視。特別讓人有這種感受的是歌詞部分吧！小倉惠的歌詞簡而言之，就是充滿了「平凡」的魅力。歌詞中描寫的是隨處可見的日常生活：起床後低血壓外加頂著一頭睡壞的頭髮，是個「糟糕早晨」；還得出門上班真的很麻煩。不過，歌詞裡的主角決定「每一個糟糕的日子都要盡最大努力」，為了「總有一天要再次擁抱幸福」。歌曲重點在於不用「要加油！」這種命令的語氣，而是柔和的「加油吧」的表現方式。而且這句話要表達的是：你沒有義務要加油，這時只要在能做到的範圍內這麼做就可以了。換句話說，就是不經意的說出「保持平常心就可以了」的意思。

這首〈加油吧〉就像這樣，在「帥氣時尚」的音樂旋律裡，以及歌詞中呈現的「隨處可見的平凡」之間，建立起絕妙的平衡。

以前田野近三重奏開創了「平凡男孩」的偶像形象。從這個意義上來說，SMAP 繼承了這個偶像形象並且將它發揚光大。SMAP 帥氣且自然的演唱〈加油吧〉，除了身為偶像的特殊存在之外，同時也有讓人一眼就明白什麼是「平凡男孩」的說服力。

此外，讓〈加油吧〉成為 SMAP 歷史上的重要歌曲和旋律，後面會詳細介紹。

SMAP X SMAP 之路，SMAP 的綜藝培訓

就像大家常說的，SMAP 的新穎之處在於，他們跨足了過往男性偶像沒有接觸的正統綜藝節目，並獲得成功。但是，為什麼要跨足綜藝節目呢？

當然，這與前面提到的電視音樂節目減少的背景有關。偶像，不再只是會唱歌跳舞就行了。當時也有像一九七〇年代的井上純一那樣，以演員身分走下去的選項吧！可是這麼一來，即使能以個人進行演藝活動，以團體為單位的活動就會變得很困難。就這一點，如果是綜藝節目的話，相對來說以團體為單位的活動會變得比較容易。其實「偶像共和國」就是這樣的節目，但是嚴格來說，那是一個以粉絲為導向，而不是針對廣大觀眾製作的節目。如果是音樂節目健在的年代，參與綜藝節目演出還可以當成歌手宣傳活動的附加技能，但是現在已經不是這樣了。

在這種情況下，跨足綜藝節目成為解決之道。一九九二年「夢想 MORI MORI」（富士電視台，一九九二～一九九五年）開播，主持人是森脇健兒與森口博子，SMAP 也

固定參與演出。

這個節目中有個名為「音松君」的常規短劇單元，與赤塚不二夫的漫畫《小松君》相關，製作單位將SMAP的六名成員設定為六個孩子，分別是青松、赤松等人，然後配合角色名稱穿上同樣顏色的學生服，頂著妹妹頭造型的假髮，透過角色扮演來演出正式角色的短劇。這個單元很受歡迎，SMAP還曾以音松君的名義發行單曲。

對SMAP來說，像這樣透過在富士電視台的綜藝節目得到立基點，意義相當重大。「漫才」（喜劇）熱潮自從一九八〇年代初期蔓延以來，當時的富士電視台在綜藝節目這個領域，便處於整個業界的領先地位。

一九九五年四月，由「夢想MORI MORI」的工作人員進行製作，以SMAP為主體的綜藝節目「SMAP的加油吧」開始播出。這個節目是每週一至週五深夜播出的十分鐘帶狀節目，以偶像為主軸的節目是非常罕見的，企劃內容也每天改變，包括演唱自己的歌曲、與歌手來賓的合作、自由談話，戲劇，甚至是吉本新喜劇等各式各樣的企劃單元。

換句話說，唱歌和跳舞、對談、戲劇和喜劇。如果再加上週六播出的「夢想MORI MORI」的短劇，兩者剛好匯集了正統綜藝節目的所有必需要素。換句話說SMAP透過這兩個節目，累積以偶像為主力，這個恐怕是史無前例的正統綜藝節目所需的「修行」。

就這樣來到了一九九六年四月，讓他們名留電視史的冠名綜藝節目「SMAP X SMAP」（富士電視台，一九九六~二〇一六年）開播。那麼「SMAP X SMAP」是以哪一點名留電視史呢？這對傑尼斯來說又意味著什麼？

2 SMAP 改變了偶像的定義

SMAP X SMAP 在偶像史上的意義

一九九六年四月十五日，SMAP 的冠名綜藝節目 SMAP X SMAP 開播。播出時間是富士電視台週一晚上十點。這是接續「月9」之後的時段。事實上節目開播當天的月9，也是由成員木村拓哉主演，宛如社會現象般受到高度關注的《長假》首集播出日。在 SMAP X SMAP 開場時做直播這件事，也成為一項話題。此外，傑尼斯也企圖將團體與個人之間並存的 SMAP 演藝活動，濃縮在節目的架構中。

如上一節所述，SMAP X SMAP 由偶像擔任正統綜藝節目主持人，這一點具有劃時代的意義。

聽到「綜藝節目」時，現在應該會立刻想到搞笑節目吧！但是，如同它的原義 Variety Show，綜藝節目原本是指將多樣化的才藝和娛樂安排成一個秀來娛樂觀眾的節目。談起日本的電視圈，一九六〇年代前半的「在夢中相會」和「泡泡假期」（日本電視台，一九六一～一九七二年）都接近這樣的型態。有短劇也有談話，有唱歌也有跳舞，這就是綜藝節目本來的樣貌。

在這層意義上，SMAP X SMAP 正是走在綜藝的王道路線上。當中的熱門單元 BISTRO SMAP 會邀請當紅來賓一邊做料理一邊談話，誕生了「阿正小子」（マー坊）、「古畑拓三郎」、「香健」（カツケン）等眾多人氣角色的原創短劇，還有邀請瑪丹娜和麥可傑克森等海外超級人氣巨星一同演唱的單元 S-Live。節目持續大約二十年，這種基本架構幾乎沒有改變。

身為觀眾的我們，對於他們熟稔的烹飪技巧，以及在短劇中完美詮釋各種角色都大感震驚。同時，搞笑藝人難以模仿的困難歌唱技巧和舞蹈部分，就他們而言也占有很大的優勢。正因如此，他們讓逐漸式微的王道綜藝風格得以復甦。

此外 SMAP X SMAP 也巧妙地融入一九八〇年代漫才熱潮以後，全新的綜藝節目要素，也就是「發揮本身的魅力」。這不只是因為音樂節目減少的這個負面因素，也有 SMAP 進軍綜藝節目這個正向的理由。

前面曾提到，SMAP 繼承了男性偶像史上「平凡男孩」的流派，有時展現失敗的部分，也不會被討厭。正因為如此，我們也能感同身受並且願意支持他們。SMAP 大大發展了這種既不是「王子」也不是「流氓」，而是身為「平凡男孩」的第三種型態。

展現真實面自然會增加身為「平凡男孩」的魅力，在這方面，綜藝節目比音樂節目和連續劇更適合發揮「平凡男孩」的魅力。完美詮釋不輸給正統搞笑藝人的短劇，另一方面，在談話單元和外景又充分發揮自身的魅力。與 S-Live 單元呈現的帥氣之間的落差，也有讓真實魅力更加突出的加乘作用。

SMAP X SMAP 的成功，帶來的影響是巨大的。對於在 SMAP 之後出道的傑尼斯團體來說，除了歌手活動之外，擁有冠名的綜藝節目成為成功的方程式。不僅是

TOKIO、V6等接近 SMAP 的世代，從嵐到現在的年輕團體「唱歌和綜藝節目雙棲」，這個基本形式沒有改變。

SMAP 肩負的社會性

但是 SMAP X SMAP 也有超越綜藝節目框架的紀錄片面向。一九九六年五月，森且行為了實現他成為賽車手的夢想而離隊。得知這個消息後，在 SMAP X SMAP 的歌唱單元演唱了森本人選曲的〈$ 10〉、〈加油吧〉等組曲，當演唱到〈BEST FRIEND〉的時候，中居正廣一度大哭到唱不下去。後來為了紀念成軍二十五週年，SMAP X SMAP 播出五個人去旅行的特別企劃（二〇一三年播出），他們在下榻旅館的卡拉ＯＫ中演唱〈BEST FRIEND〉並回顧了當年的畫面。

對團隊而言，當重大轉折的事件發生時，SMAP X SMAP 就成了某種形式的紀錄片。不只是感人的場面而已，當稻垣吾郎和草彅剛陷入醜聞風暴，以及出現分裂解散危機被大肆報導時，也是如此。這時 SMAP 透過 SMAP X SMAP 將他們的真實想法和聲音傳達給我們。儘管有各種不同的反應，可以說 SMAP X SMAP 是一個連結 SMAP 和觀眾的現場。

SMAP X SMAP 除了團隊的問題之外，也廣泛地與社會連結。例如二〇一一年發生東日本大震災時，SMAP X SMAP 便進行現場直播。當時 SMAP 一邊閱讀來自觀眾們的留言，一邊討論他們能夠做些什麼，並且演唱了〈加油吧〉等歌曲。

回顧過去，同樣的事情也發生在一九九五年的阪神大地震時。地震發生後不久，參加「MUSIC STATION」（朝日電視台，一九八六年～現在）現場直播的 SMAP 立刻改變預定演唱的歌曲，用自己的聲音傳達訊息並演唱〈加油吧〉，正因為是「平凡男孩」才能這麼貼近大家。

自從東日本大震災發生以來，在 SMAP X SMAP 節目的最後，SMAP 持續呼籲人們為災區提供援助。我們也可以看到其他演藝人員在發生重大災害時的援助行動，這也是身為社會名人的責任之一。同時 SMAP X SMAP 的呼籲，持續發送日常的加油訊息所代表的意義，可說是他們身為「平凡男孩」所獨有的，〈加油吧〉就是一首合適的歌曲。

成為「人生伴侶」的「平凡」偶像

從這一點來看，SMAP 的存在，儼然成為一個遠遠超越傳統框架的偶像。另一方面，他們始終都是「國民偶像」。換言之，SMAP 改變了偶像本身的定義。偶像，原本只是十幾歲青春期這個人生中，特定時期瘋狂愛慕的對象。此時，偶像成為疑似的戀愛對象，反過來說，只要過了青春期，偶像就會自然而然畢業了。

一九八〇年代後半，「偶像＝短暫性的存在」這個觀念產生變化。當時田原俊彥和東山紀之已經成年並受到女性們關注，所以出現在雜誌《an・an》的「最喜歡的男人」排名榜名列前茅的現象。此時，男性偶像不單單只是疑似的戀愛對象，而是成為在現實生活中的戀愛對象。當然，實際上這些女性讀者有其他交往中的對象或是伴侶，但是並行無礙，即使是成年人也可以喜歡偶像，這樣的想法越來越普遍。

隨後，在一九九〇年代走紅的SMAP繼承了與這種新型態粉絲之間的關聯性，木村拓哉多年來也一直占據該排名榜的第一名。不止如此，透過廣泛的活動讓他們與粉絲之間的關係更加持久、永續。

SMAP積極投身參與社會活動，成為超越年齡和性別，是貼近人們生活的「人生伴侶」。這已經與當年那些「青春期限定」的偶像處於不同次元，而且每當他們試圖共同克服困境時，可以看到「身為偶像持續成長」這個根本性的生存方式。

這意味著隨著SMAP的出現，男性偶像已經從「平凡男孩」蛻變成為「平凡人」，換言之對所有人來說，也是體現「平凡」價值的存在。如果用其他說法來形容，SMAP除了是一個偶像團體，更成為包容各式各樣人們的一種共同體。他們在發生東日本大震災的二〇一一年底的「NHK紅白歌唱大賽」中壓軸演唱〈Original Smile〉，並於二〇一五年參加在災區舉辦的「NHK揚聲歌唱」就是最好的證明。

此外，每位成員都能自立自強這件事也是重要關鍵。中居正廣是綜藝節目主持人，當木村拓哉以演員身分爆紅時，香取慎吾則是在綜藝節目和電視劇展開多角化活動。草彅剛身為演員也受到高度評價，稻垣吾郎除了演員身分外，還擴展到書籍介紹等知性領域。

從一九九〇年代到二〇一〇年代，相當於平成時期，泡沫經濟崩壞後的經濟停滯、貧富差距擴大、發生兩次大地震，是一個不斷動搖我們安身立命之基礎的時代。同時在家庭、社區、學校、企業等，基本生活場域潛藏的問題也變得更加顯著。

在社區重建的同時，人們也摸索著獨立自主的生存方式。當然，兩者都不是一朝一夕可以找到答案的。正因如此，SMAP 本身展現的個人與團體並存這件事，對於在平成的「生存困境」中掙扎的我們來說，是一個理想的狀態。這不僅僅是接近社會，他們的存在更成為一種生存範本。

當異端成為正統時，談 SMAP 帶來的變化

像 SMAP 這樣的巨大存在的偶像，超越了傑尼斯這個框架。但是另一方面，他們也為傑尼斯的歷史帶來重大的質變。就像之前提到的苦柿隊和少年隊一樣，牽涉到傑尼斯在舞台劇和電視圈之間的比重問題。

傑尼斯的出發點是娛樂文化，換句話說就是徹底取悅人們的專業意識。娛樂文化的範圍很廣而且包羅萬象，相反地，利用這一點，為了取悅人們，任何東西都能自由利用。也就是說，「無限可能性」這股的精神支持著傑尼斯的娛樂事業。

當然，象徵性的人物就是強尼喜多川。他以美國的娛樂產業為基礎，立志創作日本原創音樂劇的同時，也建構了獨特的「無限可能性」風格。將和風要素和西洋風要素自由混搭，有特技表演的要素，也有傳統經典的要素。這種風格可說是「沒有原則的原則」，有時也令人們感到困惑和驚訝。同時，我們也感受到「傑尼斯」這個獨特的世界。

就這種娛樂哲學的等級而言，要選擇舞台劇或電視根本不成問題吧！但是，如果從媒介特性這個觀點來看，舞台劇與電視的差異也並非小到可以忽視的地步。

舞台劇是脫離日常生活的呈現，因此偶像和粉絲之間也存在一定的距離。也正因為這樣，粉絲們可以對參與演出的偶像產生純粹的憧憬，同時也能夠沉浸在舞台上展開的表演和故事之中。

相較之下，電視是日常生活的媒體。在餐廳或客廳等平常的居住空間裡，電視是貼近生活的娛樂方式，所以觀眾容易對表演者產生親近感。因為親近感這點是共同的訴求，所以偶像也隨著電視共同發展。

簡而言之，對於粉絲來說，舞台劇和電視的差異在於「距離的遠和近」。因此對偶像而言，如果在舞台上扮演作品中賦予的角色是第一要務，那麼在電視上展現不加矯飾的魅力和真實面，就變得很重要，而且這也會對所提供的娛樂本質產生影響。

實際上從初代傑尼斯以來，幾乎沒有任何一個團體的活動只偏重於其中一邊，他們在舞台劇和電視上都很活躍。然而對照創始之初的理念，以原創音樂劇也就是舞台劇活動為主軸，這個想法還是一直存在吧！但是SMAP的出現改變了這種平衡。

SMAP靠著電視取得歷史上罕見的成功，導致後輩團體紛紛拿他們來作為模板。V6的井之原快彥在「校園封神榜！」（TBS電視台，一九九七～二〇〇五年）開播之際就曾經說過，「前輩SMAP在SMAP X SMAP創下那麼高的收視率，我不想被說：難道你們做不到嗎？」（井之原快彥《偶像武者修行》日經BP社，二〇〇五年，第15頁）

就這樣，發生了異端實質上變成正統的逆轉現象。換言之，SMAP的成功讓傑尼斯內部的平衡，以及過去傑尼斯追求的路線，發生了本質上的變化。我認為這與日後SMAP解散並非完全無關。但是同時可以確定的是，正因為SMAP的成功，開創了一九九〇年代之後持續很久的「傑尼斯獨霸時代」。

然而，同樣在一九九〇年代，談論男性偶像史的時候不可忽視的另一股潮流誕生了，那就是以舞蹈表演為主的團體興起。接下來我們將焦點轉向這一塊。

3 來自沖繩的舞蹈偶像 DA PUMP

沖繩和偶像

DA PUM 靠著〈U.S.A.〉（二〇一八年）的大受歡迎，奇蹟似的復活，並再次成為眾人矚目的焦點。這首歌也因為 MV（音樂錄影帶）引爆話題，舞蹈展更現出很大的魅力。DA PUM 目前有七位成員，但原始成員包含現任團員 ISSA 在內，共有四名，全部都來自沖繩。

沖繩是一個孕育許多偶像的地方。堪稱女性偶像先驅的南沙織，於一九七一年以〈17歲〉出道，她和天地真里、小柳留美子一起被稱為「新三人娘」，成為代表那個時代的偶像。緊接著在一九七二年，一名女性和四個兄弟組成的 Finger 5 出道後，陸續發行〈個人授業〉（一九七三年）、〈戀愛代碼6700〉（一九七三年）和〈學園天國〉（一九七四年）等一系列熱門金曲，引起熱潮般的大轟動。出道時年僅十二歲，變聲前擁有迷人高音的「晃」所戴的蜻蜓眼鏡（大圓鏡片時尚眼鏡）也成為熱門話題。

時代背景方面，也可說是只有在沖繩才有的狀況。戰後納入美國軍事統治下的沖繩，隨著一九五〇年韓戰爆發，作為軍事要塞的重要性日漸提升。一九五二年的舊金山和約生效後，沖繩依然被納入美國的管理之下，雖然居民要求歸還日本的氣焰高漲，但隨著美國強勢介入越戰，到了六〇年代這種情況仍在持續著。一直到一九七二年，佐藤榮作內閣時期，終於讓沖繩回歸日本。

這種情況下，在日美軍的存在對於文化面，尤其是音樂面帶來很大的影響。戰後日本的流行音樂，透過美軍基地和周邊的爵士咖啡館等音樂相關設施，逐漸發展起來。例如大型娛樂經紀公司「渡邊製作所」的創始人渡邊晉，他過去就曾經是一名在美軍基地演奏的爵士音樂家。此外，前面也提到西城秀樹業餘時期，也曾經在岩國基地演奏。

Finger 5 也是如此，他們的父親是酒吧老闆，經營對象以美軍相關人士為主。他的孩子們從小就對美國流行音樂相當熟悉，還組了一個樂團。樂團在沖繩的電視節目中贏得勝利後來到東京，並以〈Baby Brothers〉一曲出道，但結果卻不如預期。正當他們準備放棄的時候，竟然有了重新出道的機會。這次則是以麥可傑克森與四位兄弟組成的「傑克森五人組」（The Jackson 5）為藍本，組成了 Finger 5。

沖繩演藝學校的舞蹈教學

到了一九九〇年代，從沖繩而來，日本再次掀起了巨大的偶像浪潮。特別是在這個時代，舞蹈成為匯集人氣的重要因素，最具象徵性的代表人物，毋庸置疑就是「安室奈美惠」。在一九九〇年代中期，以歐陸節拍的翻唱歌曲聞名的安室，靠著小室哲哉製作的歌曲，發表了許多膾炙人口的金曲。至於同樣來自沖繩的 MAX、知念里奈、SPEED 等人也如出一轍，一個接著一個爆紅。

她們還有一個共通點，同樣來自一所名為沖繩演藝學校（一九八三年開設）的培訓學校。根據學校創始人牧野正幸（マキノ正幸）的說法，第一次見到安室奈美惠的時候她只有十歲，他一眼就被安室的舞蹈天賦所吸引。

「只是突然晃動身體，她就已經和別人不一樣了。如果是一般的孩子，只要身體擺動，腿和裙襬也會朝同一個方向晃動。但是那個女孩卻在腰部做了個停頓，自然地扭動著她的身體，讓裙擺的飄動緊貼身體，動作很流暢。」（牧野正幸《才能》講談社，一九九八年，第15頁）

演藝學校的課程會從「用下半身徹底敲打出節拍」開始教，「在沖繩演藝學校，我們沒有『樣板』，舞蹈不是『樣板』的呈現，而是展現連續的動作。」（同書第127頁）安室奈美惠根本不需要上課，因為她從一開始就能夠做到這一點。隨著安室奈美惠的出現，我們也見識到了偶像歌手的舞蹈魅力。

唱歌時的動作展現魅力，這一點對傳統的偶像歌手來說也是一樣的。但是大部分都只是做出老師所教重複的動作而已。一九七〇年代的森昌子、櫻田淳子、山口百惠的《花中三重奏》和八〇年代的松田聖子也是如此。無論編舞有多麼吸引人，傳統的偶像歌手在舞蹈這一點，基本上都是被動的。

相較之下，安室奈美惠的舞蹈是主動的。根據刻劃在身體裡的節拍，透過「連續動作」將自己內心的感受表現出來。這不是單純地重複所教的動作，而是伴隨著激情的自我主張。當然，來自沖繩演藝學校的所有歌手都是如此。

DA PUMP 登場，迅速走紅

DA PUMP 也同樣來自沖繩演藝學校。首先 KEN（一九七九年出生）和 YUKINARI（一九七八年出生）以兩人組合進行演藝工作時，加入 SHINOBU（一九八〇年出生）然後是 ISSA（一九七八年出生）成為四人組合；那是在一九九六年的事。ISSA 小時候曾經加入沖繩演藝學校成為小童星，但後來離開了，直到成為高中生之後才又回去那裡學習。

最初，他們四個人以KOOZ和Billy The Kids的團名展開活動，在家鄉沖繩表演時已經很受歡迎。此時，他們收到出道的邀約來到東京，經過大約八個月的課程後，在一九九七年六月以DA PUMP（DA是THE的俗語表現，PUMP則是「跳躍」的意思）之名正式出道。

出道曲是〈Feelin' Good -It's PARADISE-〉，這是一首率直的情歌，ISSA展現和現在一樣沉穩的嗓音，饒舌部分的進入時間點也很絕妙且舒適，當然MV中四人的舞蹈也是一大賣點。這首歌一進入Oricon週排行榜就闖進前段名次，緊接著發行的第二首單曲〈Love Is The Final Liberty〉（一九九七年）首次進入排行榜便占據到前十名，DA PUMP因而走紅。

後來，他們靠著同時也是商業廣告歌曲的輕快流行歌〈Rhapsody in Blue〉（一九九八年），首次參加一九九八年的「NHK紅白歌唱大賽」，直到二〇〇二年為止，連續五年登場。當時，除了傑尼斯以外的男性偶像團體，幾乎沒有能夠像他們這樣連續出場的。

接下來〈if…〉（二〇〇〇年）成為該團最熱門的歌曲，這首歌唱出對分手的戀人那種無法割捨的感情，是一首充滿悲傷的中版情歌。尤其是這首歌特有的饒舌歌詞很有存在感，副歌部分除了 ISSA 的歌聲，KEN 的饒舌部分也被賦予幾乎一樣的篇幅，為歌曲增添了重音和昂揚感。收錄這首〈if ...〉的精選輯〈Da Best of Da Pump〉（二〇〇一年）也大受歡迎，達成百萬銷售記錄。

傑尼斯和 DA PUMP

從這裡可以看出，DA PUMP 讓世界了解，有個性、自我主張的舞蹈，也能展現出魅力，並成功扮演與偶像女歌手安室奈美惠類似的角色。不過，男性偶像的狀況還是和女性偶像有些不同。正如我們前面所探討的，傑尼斯也對舞蹈傾注了強烈的熱情，這不禁讓人想起遠赴國外長年學習的初代傑尼斯，以及多年來持續演出原創音樂劇的少年隊，舞蹈也堪稱是傑尼斯的娛樂事業基礎中的基礎。有一段時期，小傑尼斯沒有接受唱歌或表演課程，只安排舞蹈課而引發話題，換個角度，這也說明了舞蹈對傑尼斯的重要性。

那麼，傑尼斯和 DA PUMP 的舞蹈有什麼不同之處呢？簡而言之，就是舞台和街頭的區別。

傑尼斯的舞蹈，是為了演出原創音樂劇等舞台劇所不可或缺的技能。在強尼喜多川的指導和製作之下，效法美國的娛樂產業，融入傑尼斯的風格後所創造出來的舞蹈。

DA PUMP 的舞蹈則是街舞，不是在舞台上，而是一種在街道和空地等城市中發展起來的舞蹈。ISSA 在四人組合的時代，對於「如果你沒有進入演藝圈的話，現在會做什麼？」這個問題他的回答是「我想應該是跟故鄉的朋友一邊上班一邊跳舞。」（主婦與生活社編《DA PUMP HEAT!》主婦與生活社，二〇〇一年）對他來說，舞蹈就是他日常生活的一部分，以及與他出生長大的故鄉、街道共同存在的東西。

當然，街舞並不是 DA PUMP 的專利，從一九九〇年代到二〇〇〇年代，逐步發展成為一股巨大的潮流。街舞最初於美國誕生，當時的這股浪潮也蔓延到日本。街舞的特技之一，像是以背部、肩膀或頭部作為軸心旋轉的霹靂舞等，當時經常有媒體報導。

二〇〇四年，以街舞為主題的節目「少年雜炒」（少年チャンプル／日本電視台，二〇〇四～二〇〇五年）也開播了。雖然是深夜節目，內容卻也包括了街舞舞者的貼身專訪、公布舞蹈比賽排名等，也有人氣舞者從這個節目誕生。這是對一般民眾傳達街舞魅力的節目，DA PUMP 更是節目的固定班底。

這類街舞並不是單一發展的，其中包含了廣泛的藝術和時尚領域，是從嘻哈文化中發展出來的東西，DA PUMP 的經典造型也是由此而來。它被稱為「B-BOY 風格」（B這個字來自霹靂舞 Break 的 B），還有著穿大尺碼衣服的粗曠風格。

饒舌歌曲就是從這種文化中誕生的。到了一九九〇年代，除了 DA PUMP 之外，也有其他歌手將饒舌加入日本的流行歌曲世界中，並誕生了熱門歌曲。

在這一連串現象中，嶄新的「流氓」魅力逐漸滲透到全世界，而這種流氓型的存在方式雖然與 SMAP 等人的風格不同，卻也展現出自我生存方式，與平成偶像的作風重疊。接下來，將從男性偶像的「流氓」類型這個觀點進行探討。

4 從 DA PUMP 到 EXILE，嶄新的「流氓」偶像形式

饒舌歌曲的大眾化

對音樂界的製作人來說，一九九〇年代是存在感急速增加的時代。像是小室哲哉和淳君、小林武史等，都是很有名的音樂人，從 DA PUMP 的出道歌曲開始負責作詞作曲和唱片製作的 m.c.A・T（富樫明生）也是其中一人。

在前面我們已經介紹過 DA PUMP 登場的背後存在著的嘻哈文化，m.c.A・T 本身也是受到這種文化色彩強烈影響，並試圖將自身的嘻哈色彩加入其中的一位音樂人。他將自己的音樂稱為 J-School Rap。一九九三年，m.c.A・T 以〈Bomb A Head!〉一曲重新出道並引發關注。在此同時，日本也開始出現以饒舌為主題的熱門歌曲。小室哲

哉可說是對這些趨勢相當敏感的其中一人，大家都知道他在他自己加入的 globe，以及由他執行製作的 trf（TRF）中，添加了負責饒舌部分的成員。

讓饒舌歌曲更加檯面化的熱門歌曲，包括三人團體 Schadaraparr（スチャダラパー）和小澤健二合作的歌曲〈今晚 BOOGIE BACK〉（一九九四年），以及 EAST END X YURI 的〈DA.YO.NE〉（一九九四年）。EASTEND X YURI 是第一個以嘻哈音樂人身分站上一九九五年「NHK 紅白歌唱大賽」舞台的人。

DA PUMP 之後的「流氓」偶像的變化

最初，嘻哈文化的根源在於，對現存僵化的社會秩序和價值觀做出反抗和抵制。從這層意義來說，街舞和饒舌歌曲在本質上有著超越社會常規的部分，可與流氓性連結在一起。本書中，多次提到男性偶像的兩大流派分別是「王子」和「流氓」。從脈絡來說，一九九〇年代以後嘻哈文化的滲透，當然也對「流氓」偶像的存在方式帶來影響。簡而言之，就是從樂團轉變成為舞蹈。

正如前面所談到的，一九六〇年代的GS和一九八〇年代的橫濱銀蠅這類非行少年偶像，大多數「流氓」偶像的共通點，都是以搖滾樂的樂團形式進行演藝活動。七〇年代的西城秀樹隸屬於「流氓」偶像類型，他也與澤田研二一樣跟隨著自己的搖滾樂團一起演唱，這裡也可以看出共通點。

但是從一九九〇年代之後，肩負這些流氓性的人已經從樂團變成了舞蹈。當然，八〇年代末期引爆「三宅裕司的潮團天國」熱潮的人氣搖滾樂團並沒有因此消聲匿跡，但至少舞蹈偶像的聲勢已經可以和它平起平坐了。事實上，在DA PUMP之後，日本誕生的人氣舞蹈團體或多或少都受到嘻哈文化影響。

一九九七年，同樣來自沖繩演藝學校的Folder正式出道。他們是由國小和國中男女生共七人所組成的團體，曾經參與兒童節目「Ponkikies」（富士電視台，一九九三~二〇〇一年）等節目演出，主唱DAICHI就是現在以個人身分活躍在演藝圈的三浦大和，而女演員滿島光曾經是團員之一的這件事，也是比較為人所知的事件。

二〇〇一年出道的 w-inds. 是與 DA PUMP 同一間事務所的後輩，他們是三人組合的男性團體，當初從澀谷的街頭表演開始展開活動。這也顯示，當時果然還是得靠街舞和饒舌為主軸的表演來匯集人氣。他們於二〇〇一年獲得日本唱片大賞最優秀新人獎，並從二〇〇二年開始連續六年參加「NHK 紅白歌唱大賽」。

另外還有與 DA PUMP 同樣隸屬於艾迴集團的歌手 AAA。經過多次甄選後，AAA 於二〇〇五年以男女混合的八人組合出道，其中一名成員西島隆弘曾經在 ACTORS STUDIO 北海道學習表演。他們結合歌唱、舞蹈、饒舌，再加上戲劇性元素融合而成的獨特舞台演出，大受好評。〈戀歌與雨天〉（二〇一三年）等歌曲和 MV 都非常受到歡迎，他們從二〇一〇年開始連續七年登上「NHK 紅白歌唱大賽」。

嘻哈音樂的音樂要素也與時俱進，融入到傑尼斯偶像的歌曲之中。一九九九年出道的嵐，成員櫻井翔的饒舌演出成為固定內容，甚至在二〇〇六年出道的 KAT-TUN 也是，除了饒舌之外，再加上中丸雄一的節奏口技（透過嘴巴等發聲器官重現刷唱片和鼓聲的技術），是表演中不可或缺的一部分。

HIRO的軌跡，EXILE的誕生

我們可以說EXILE就是從這種嶄新的「流氓」偶像風潮中誕生，並且進一步獨立發展起來的。

EXILE於二〇〇一年出道。在那之前，日本的舞蹈文化有一段歷史性的變遷，體現這段歷史的正是隊長HIRO。（以下關於他的經歷描述主要依據HIRO《B-boy公務員》幻冬舍文庫／幻冬舍，二〇〇九年）

HIRO本名五十嵐廣行，一九六九年出生於廣島縣，從小在橫濱長大，進入高中後不久便開始流連於迪斯可舞廳。當時是一九八〇年代中期，正好是迪斯可的全盛時期。不只是橫濱，週末他還會去澀谷、新宿和六本木一帶的迪斯可舞廳，一家接著一家跑。那段期間也對舞曲產生興趣HIRO，遇到了擔任唱片出租店的店長，日後創立Avex並成為商業夥伴的松浦勝人。

滿十八歲時，他開始在知名迪斯可舞廳之一的MAHARAJA橫濱店擔任黑服（員工）。當時是一九八〇年代後半泡沫經濟的全盛時期，他晚上幾乎都沒睡覺，一直工作，過著非常荒唐的生活。

二十歲的時候轉換到六本木一家名為 Circus 的迪斯可舞廳後，HIRO 開始正式接觸舞蹈。當時流行的是巴比．布朗等人所代表的黑人音樂，他便沉迷在與音樂融合之舞動的這件事情上。這時期，剛好也是從迪斯可轉變為俱樂部的轉換期。

有一天，HIRO 在店長的命令之下，他為了替自家店鋪做宣傳而參加了電視舞蹈選秀節目。那是一個名為「DA DA L.M.D」的節目（朝日電視台，一九八九～一九九二年），結果他得到了第二名。因緣際會之下，他被挖掘加入了當時的節目企劃的新舞蹈團隊，團名原本是節目名稱 LMD，後來改為 ZOO；那是發生在一九八九年的事。

ZOO 是男女混合的團體，不只舞蹈還加入了主唱，一九九〇年發行ＣＤ出道（後來成為 trf 主唱的 YUKI 也隸屬於該團）。到了第四張單曲〈Choo Choo TRAIN〉（一九九一年），這首歌被 JR SKISKI 的廣告選用因而大賣，並於一九九二年實現了武道館公演的夢想。

對 HIRO 而言這是一大轉機，當他身為 ZOO 的舞者走紅時曾造訪美國，並在那裡與嘻哈音樂相遇。當時，他被一位美國歌手的音樂錄影帶中舞者跳舞的動作所吸引，於是決定前往紐約與當事人會面，並在那裡，他接觸到了主要在地下俱樂部蓬勃發展的嘻哈音樂。之後，每當他可以請長假的時候他就會前往紐約。

在前面有提到，嘻哈流行與其說是一種音樂流派，不如說是一個整體性的文化。HIRO 也說：「嘻哈這個詞被很多人以不同的意思使用，但對於身為源頭、母胎的紐約黑人們來說，是貼近於『靈魂』的意思。」（同書第 86 頁）在嘻哈音樂中，他深切的體悟到舞蹈和「生存方式」是一體的兩面。

從那時候開始，對 HIRO 來說 ZOO 單純就只是一份工作而已。恰巧在一九九五年 ZOO 宣布解散，於是他開始著手建立一個以嘻哈音樂為基礎的新團體。雖然幾經波折，但仍找了長期以來他參與活動的 Japanese Soul Brothers（JSB）的 MATSU、USA、MAKIDAI 等三位舞者，加上主唱 SASA 便組成了 J Soul Brothers 團體。他們雖然在一九九九年發行 CD 順利出道，但最後卻以失敗告終。

至於他們真正出名之時，是在邀請 ATSUSHI 和 SHUN 兩位主唱加入並換掉 SASA，而且更名為 EXILE 之後。成為「月9」插入曲的出道單曲〈Your eyes only～我曖昧的輪廓～〉（二〇〇一年）大受歡迎，接著專輯〈Styles Of Beyond〉（二〇〇三年）首次在 Oricon 週排行榜拿下第一名，隨後發行的〈EXILE ENTERTAINMENT〉（二〇〇三年）更是創下百萬銷量記錄。同年二〇〇三年他們首次登上「NHK 紅白歌唱大賽」，隔年二〇〇四年首次在武道館舉辦公演。

身為歌手偶像的 EXILE

關於 EXILE，特別要提到的就是「成員本身出資成立公司」這件事。擔任社長的 HIRO 回憶道：「我們身為初出茅廬的音樂人，創立藝人事務所是前所未聞的。照理說這是一件不可能的事。」（同書第 175 頁）

創立之初，公司名為EXILE ENTERTAINMENT有限公司，二〇〇三年則改成株式會社LDH JAPAN一直到現在。LDH是由Love（愛）、Dream（夢）、Happiness（幸福）的第一個英文字母拼湊而成的。

這個不尋常的公司名稱顯示出企業本身具有某種特殊性，LDH是為了實現EXILE這個團體和每位成員的夢想，在相互尊重和支持之下成立的。當然，只要是公司就不可能忽視追求利潤這件事，然而首先它作為實現夢想的基地，這個意義是很強烈的。另外，我們還可以從中看出與當時日本社會狀況之間的關聯性。

二〇〇〇年代前半，隨著媒體上頻繁出現「勝利組」和「失敗組」這兩個字眼，在那之前「一億總中流」的富裕中產階級意識已徹底崩潰，這是人們開始感受到階級差異擴大的時期。以各自的能力和意志來開拓人生，成為大家追尋的目標。

在這種狀況下，流氓這樣的存在某種意義上顯得更加閃耀。和其他人不同調，甚至被社會邊緣化，於是靠自己開創一條新的道路，這正是流氓本來的生存方式。

當然，嘻哈音樂也埋藏在這樣的意圖之中。如果說EXILE是基於這種「流氓」

性組成的，那麼 LDH 就成為分享這些「流氓們」夢想的組織。

成立公司實現每個人的夢想，在這樣的反向選擇中，其實存在著 EXILE 的新穎之處。這就是為什麼我們可以說，透過被稱為 EXILE TRIBE（EXILE 一族）這些以 EXILE 為首的團體，能夠超越音樂和表演等領域，持續發展的原因。

這些活動的多面向性，也可以歸結於 HIRO 構思的 EXILE「無形化計劃」的結果。例如，即使 EXILE 進行成員替換，他們的故事也不會因此中斷。為了達到這個目的，團體不拘泥於形式，反而更積極促進新陳代謝，所以便刻意不固定成員。HIRO 在二〇一三年從表演者退休，也是其中的一環。

有人可能會問，EXILE 算是偶像嗎？舞蹈是一種強烈展現自我主張的演出表達方式，基於這層意義，我想稱呼他們為歌手。但是強調這個「無形化計劃」的故事性，換句話說，就是將重點放在成長故事上的話，那就是我到現在為止多次強調的偶像形式。從這一點來看，他們就是二〇〇〇年代之後，良好適應日本社會的音樂人偶像不是嗎？

第六章

嵐登場與「傑尼斯獨霸時代」的意義：二〇〇〇年代之後的「國民偶像」

在這個章節，我們將討論在 SMAP 之後出道的傑尼斯團體。在這些豐富且多樣化的團體活躍於業界的同時，我想探討嵐成為「國民偶像」的過程與歷史背景，以及堪稱「傑尼斯獨霸」的狀況所代表的意義。

1 TOKIO、V6、KinKi Kids，傑尼斯進入群雄割據時代

繼承了樂團路線的TOKIO

在敘述SMAP出道為止的發展歷程時，我曾經提過小傑尼斯裡面的平家派這個團體，隸屬這個團體的是城島茂和山口達也，強尼喜多川將這個樂團型態的兩人組合命名為TOKIO BAND。

後來，以城島為主，加入國分太一、松岡昌宏、小島啟等三人組成了TOKIO。同時，山口達也重新回歸，長瀨智也則是以支援成員的身分加入。像這樣不符合一般作法的五至六人編制，持續了一段時間。

雖然 TOKIO 現場演出的時候有六個人，但是在一九九四年九月發行 CD 出道時，卻是將小島以外的五個人，組為正式成員，出道曲是〈LOVE YOU ONLY〉。這首歌在 Oricon 週單曲排行榜獲得第三名，同時他們還以它首次參加該年的「NHK 紅白歌唱大賽」，出道後短短三個多月就登上紅白，TOKIO 打破了當時的記錄。

之前在介紹田野近三重奏的野村義男時也曾經提到過，TOKIO 繼承了 THE GOOD-BYE 和男鬪呼組等傑尼斯樂團的派系，其中又以 TOKIO 出道以來連續二十四年參加「紅白」這種長久不墜的高人氣最為耀眼。

透過非搖滾樂體系的流行歌曲，以及新音樂作家的曲子推出熱門歌曲，這也是 TOKIO 能夠長期活躍在樂壇的一大原因吧！說到他們的代表歌曲，很多日本人都會想到〈AMBITIOUS JAPAN!〉（二〇〇三年）和〈宙船〉（二〇〇六年）。作為 JR 東海廣告歌曲的〈AMBITIOUS JAPAN!〉作詞人是中西禮，作曲人是筒美京平這對肩負起流行歌曲黃金時期的搭檔，至於長瀨智也主演的人氣電視劇《My Boss My Hero》（日本電視台，二〇〇六年）主題曲〈宙船〉的詞曲，則都是出自創作型歌手中島美雪之手；兩首歌都獲得 Oricon 週單曲排行榜第一名。

同時，冠名綜藝節目的成功也為他們累積了大眾的支持。毋庸置疑，以 SMAP 為先驅，透過歌曲和綜藝節目這兩大支柱，確立了身為偶像的地位，而且這樣的活動方式也成為傑尼斯組合的一種「成功方程式」。

但是，綜藝節目的內容包羅萬象，如果把 SMAP 視為一個包含了歌唱、短劇和談話性內容的正統綜藝節目的話，那麼 TOKIO 找到的活路，則是靠他們自己拚命地錄影，這樣的綜藝內容。

他們的冠名綜藝節目「The! 鐵腕！DASH !!」（日本電視台）始於一九九五年，現在依然持續播出中。節目剛開始是在深夜時段，以攝影棚內的談話內容為主，但在一九九八年改到週日晚上七點的黃金時段時，立刻推出五個人以大隊接力方式，與一列從車站出發的電車比賽跑的嶄新錄影企劃單元，贏得高度的迴響。不過，堪稱確立節目地位的則是從二〇〇〇年開始啟動的「DASH 村」企劃。TOKIO 五人在當地人的協助下，從無到有開拓一片廣大的土地，節目中介紹了先人的智慧，除了實踐自給自足生活的樂趣之外，還包括農業和工匠的工作介紹等，成員們熱衷的程度，以及超高完成度都相當令人感動。

V6的全方位魅力和親切感

V6的隊長坂本昌行過往曾經與TOKIO的城島、山口、國分等人同為平家派的成員。

V6成立於一九九五年。當時，主辦單位事前已經預告了該年舉辦的世界盃排球賽的形象歌曲會由傑尼斯演唱，隨後便正式發表由坂本昌行、長野博、井之原快彥、森田剛、三宅健、岡田准一這六人組成的團體V6。團名的V，包括英文volleyball、victory等多種含義。

偶像團體像這樣搭配排球比賽出道的手法，之後也交接給許多傑尼斯組合。此外，與轉播本次大會的富士電視台一起舉辦活動，就意義上來說，也可說是承襲了之前提到的光GENJI的模式。嚴格說起來雖然模式不完全一樣，但由坂本、長野、井之原等年長組所組成的20th Century（Tonisen）和森田、三宅、岡田等年少組的Coming Century（Comicen）兩組人馬合而為一的這一點，也有與光GENJI重疊的部分。

V6作為大會形象歌曲的出道曲〈MUSIC FOR THE PEOPLE〉（一九九五年）是當時很流行的歐陸節拍，安室奈美惠也曾推出翻唱曲，並大獲好評。這首歌由秋元康作詞，作曲者是海外的音樂人。這個路線，一直持續到第四張單曲〈TAKE ME HIGHER〉（一九九六年）為止。

另一方面，V6也有其他不同類型的熱門歌曲，那是任何年齡或性別都可以開心哼唱的歌曲。由玉置浩二作曲的〈就是愛〉（愛なんだ／一九九七年）創下V6最高銷量記錄。〈圍成一圈來跳舞〉（WAになっておどろう／一九九七年）是NHK節目「大家的歌」中播出歌曲的翻唱版，二〇一四年V6首次登上「紅白」之際也演唱了這首歌。

從每個人的個性和經歷來看，V6這個團體非常豐富多樣，整體來看的全面性，也是他們的特徵。其中，井之原快彥因為在晨間情報節目的主持功力大受好評，還被選為二〇一五年「NHK紅白歌唱大賽」的主持人。這種透過音樂和成員人格特質所營造出來的親切感就是V6的一大武器。

而且這股魅力在他們冠名的綜藝節目中也得到充分的發揮。「校園封神榜」（学校へ行こう！）是V6為國高中生等年輕人加油打氣的綜藝節目，因此V6經常直接造訪學校，同時進行外景拍攝，代表性的企劃單元是「未成年主張」。他們造訪的學校、學生一個個登場，從屋頂對著聚集在學校操場的學生們大聲喊出他們平時隱藏在心裡的各種想法。單元的最後是向單戀對象告白的固定橋段，V6成員會在附近透過螢幕緊張地守護著他們，成功的話就會衝上去祝賀，充分顯現出V6那種樸實無華的魅力。

體現傳統與創新的 KinKi Kids

KinKi Kids 比V6更早成軍，但是正式出道的時間卻比他們還要晚。一九九三年，由同樣是一九七九年出生的堂本光一、堂本剛組成了兩人合唱團體。

他們兩個人沒有血緣關係，姓氏會一樣，完全只是巧合而已。團名的由來是因為光一來自兵庫縣，剛則來自奈良縣，兩人剛好都是近畿地方的人，也有一段時間他們自稱是 KANZAI BOYA。

他們是第一個從傑尼斯出道的關西人團體。尤其是剛，他非常崇拜 DOWN TOWN 的松本人志，對搞笑藝人抱持著濃厚的興趣，把彼此視為漫才組合，並把搭檔稱為「對方」，這是來自關西獨有的，也是對搞笑藝人抱持高度意識的人格特色。

他們兩人也是傑尼斯史上第一個以雙人合唱形式發行 CD 出道的團體。出道前除了演唱會之外，他們還參與電視劇《人間・失格——如果我死去的話》（TBS 電視台，一九九四年）和音樂綜藝節目「LOVE LOVE 我愛你」（富士電視台，一九九六～二〇〇一年）等演出，已經成為家喻戶曉的人物。一九九七年七月他們以〈玻璃少年〉一曲風光出道，拿下 Oricon 週單曲排行榜初登場第一名，創下空前熱銷記錄，日後他們發行的單曲也在 Oricon 排行榜上持續刷新連續第一名的記錄，一口氣成為頂級的偶像。

同時，他們兩人的個性形成鮮明的對比：光一是王子般的類型，剛則是我行我素的性格派。另一方面，他們又具有意氣相投的一體感。雖然擁有對比鮮明的個性，卻讓人感受到一股強烈的羈絆，這種搭檔之間絕妙的平衡感，可說是吸引粉絲的一大因素。

性格差異也直接反映在個人活動的差異上。光一多年來，一直主演原創音樂劇「SHOCK」系列，具有很強烈的舞台意向，而剛則是以 ENDLICHERI ☆ ENDLICHERI 名義，與團體切割，積極從事個人獨立音樂活動。

從這裡，可以看出 KinKi Kids 在傑尼斯歷史上是代表轉換期的重要存在。

從〈玻璃少年〉的歌聲中傳遞出來的悲傷和哀愁是典型的表現，可以感受到身為雙人合唱組合的兩個人，堪稱王道的偶像特性。這是從初代傑尼斯和鄉廣美以來，傑尼斯偶像持續扮演的角色。

但是 KinKi Kids 不只有這樣而已。正如我先前多次提到的，傑尼斯的歷史上有音樂劇和樂團兩個流派，KinKi Kids 他們兩人也透過各自的個人活動形式，體現了這兩種不同的流派。

簡而言之，他們是將傑尼斯的傳統濃縮後，具體存在的團體。另一方面，身為第一個雙人合唱組合，而且是來自關西的團體，對粉絲來說也頗具新鮮感。如果這麼想，我們可以認定當時的傑尼斯根據迄今為止的歷史，正打算邁出下一步，而 KinKi Kids 剛好就是在這個轉折點登場的團體。

2 「小傑尼斯黃金時期」的歷史意義，以及嵐的出道

小傑尼斯黃金時期的劃時代意義

對傑尼斯來說，轉型進入「下一個階段」則是從一九九〇年代後半開始到二〇〇〇年代初期，小傑尼斯熱潮所帶動的人氣。

目前為止，我們已經多次提到小傑尼斯，其中也有像少年隊這樣，正式出道前已經在媒體曝光而走紅的團體。不過，這股熱潮並不是指小傑尼斯之中的哪一個團體或是個人，而是小傑尼斯整體都受到大眾歡迎。這是前所未見的現象，所謂小傑尼斯黃金時期已然到來。

大約是在同一時期，KinKi Kids等人開始在電視上模仿強尼喜多川的口氣「YOU，去做○○啦！」大談關於傑尼斯的一些小故事。小傑尼斯黃金時期也和這件事重疊，不只是特定團體或是個人，而是迎來支持「傑尼斯」這個具有獨特文化的團體這樣的新時代到來。這是一直延續到現在的全新粉絲文化，並正式展開的一個事件。

在這個黃金時期成為核心人物的，就是遙遙領先超過百位以上的小傑尼斯，擔任隊長的Tackey瀧澤秀明。他在一九九五年滿十三歲時加入傑尼斯事務所，隨後立刻開始演出電視劇，在《魔女的條件》（TBS電視台，一九九九年）中，他所飾演的高中生與飾演老師的松嶋菜菜子挑戰禁忌之愛，引發廣泛的討論。後來瀧澤與同樣是小傑尼斯核心人物之一的今井翼組成「瀧與翼」，在二〇〇二年發行CD出道。

此時的小傑尼斯中，也包含剛成立不久的關西小傑尼斯的成員，其中澀谷昴在當時很受歡迎，加上他出色的歌唱功力而有「東瀧澤，西澀谷」的說法。其他像是橫山裕、村上信五、丸山隆平、安田章大、錦戶亮、大倉忠義等人都隸屬於關西小傑尼斯，日後他們也以「關西傑尼斯∞」出道。

在小傑尼斯中，還有山下智久、生田斗真、風間俊介、小原裕貴等，人才濟濟。當時的小傑尼斯聲勢浩大，銳不可擋。

在電視方面，除了在 MUSIC STATION 這類音樂節目上演出，像是「愛 LOVE 小傑尼斯」（東京電視台，一九九六～一九九八年）和「8時J」（朝日電視台，一九九八～一九九九年）等小傑尼斯冠名的綜藝節目也開始播出。「愛 LOVE 小傑尼斯」的開播，甚至比出道組 V6 的「校園封神榜」還要早，「8時J」也在晚上八點的黃金時段播出一個小時的節目，在在可見他們當時受歡迎的程度。

此外，即使是現場表演，小傑尼斯也擁有壓倒性的觀眾動員能力。一九九九年十月，他們成為在發行 CD 出道前，第一個在東京巨蛋舉辦演唱會的藝人。之後更在二〇〇〇年實現了三大巨蛋（東京、名古屋、大阪）演唱會的壯舉。

嵐，出道

小傑尼斯第一次在東京巨蛋舉辦演唱會時，已經確定會在那一年出道的嵐，正式在歌迷面前亮相。由相葉雅紀、松本潤、二宮和也、大野智、櫻井翔等五人組成的嵐，隊長大野出生於一九八〇年，其他四人都是一九八二至一九八三年出生，可以說是將年齡比較相近的成員聚集在一起的團體。

他們在一九九四年至一九九六年陸續進入傑尼斯事務所。松本、二宮和相葉這三人都是在一九九六年加入事務所的。松本潤在試鏡的時候沒能見到強尼喜多川，還在想「他是什麼樣的人呢？」結果，大約一個月後他才知道「總是把排練場打掃得乾乾淨淨的叔叔」就是強尼喜多川，讓他大吃一驚。（嵐《ARASHIGOTO——五年半完整個嵐》集英社，二〇〇五年，第123頁）

從那時候起一直到他們以嵐正式出道為止，包括舞台劇、電影和連續劇演出，以及本身隸屬的小傑尼斯團體等，他們各自身為小傑尼斯，持續活動。那段時期，大約就是前面提到的小傑尼斯黃金時期。五個人也分別參加了小傑尼斯的演唱會和音樂節目，以及前面提到的「愛 LOVE 小傑尼斯」和「8時 J」等綜藝節目演出，他們當時正處於熱潮之中。

從眾多小傑尼斯中選拔出來的五個人，聚集在一起，發布他們以「嵐」出道是在一九九九年九月的事。公司在夏威夷的客船上舉行了一場盛大的記者會，但是成員們事前似乎沒有被告知細節。櫻井翔等人回憶道，他們以為是小傑尼斯裡面常見的「期間限定團體」（同書第24頁）。至於相葉雅紀，在出發前三天才被強尼喜多川告知要去夏威夷，根本沒有聽說自己要出道這件事。

在如此兵荒馬亂之中，一九九九年九月十五日舉行了出道發表記者會。這就是懷抱著「在全世界製造風暴」、「靠著あ和A這些語言中第一個字母開頭的名字，站上最頂端」等夢想的團體，嵐的起手式。

出道曲〈A・RA・SHI〉是傑尼斯的「最佳解答」

一九九九年十一月發行的出道曲，是與團名完全相同的〈A・RA・SHI〉。這首歌與V6當時的狀況一樣，是富士電視台轉播的世界盃排球賽的形象歌曲。因為這層緣故，再加上這首歌是一首加油歌，所以曲調很輕快。整首歌更加入了以櫻井翔為主的饒舌演唱，深受喜愛的旋律線，令人印象深刻。

在饒舌等新音樂等元素引發注目的同時，這首歌也讓人感覺是一首傑尼斯偶像的王道歌曲。如同SMAP的出道曲〈Can't Stop!! -Loving-〉（一九九一年）的標題所示，〈A・RA・SHI〉也成為一種自我介紹的歌曲：「儘管如此也要掌握時代，沒錯我們是Super Boy」、「收集全身的風，颳起來吧！A・RA・SHI、A・RA・SHI for dream」等歌詞正是如此。

觀看音樂錄影帶時，很多小傑尼斯登場也吸引了眾人目光。這一點讓我們再次意識到，嵐是在小傑尼斯黃金時期這個背景之下誕生的事實。當時小傑尼斯們不僅作為身後舞者（也包含溜冰表演），也作為伴奏樂團（FIVE 這個團體）出現，這是我們必須注目的重點。可以說，傑尼斯娛樂事業將傳統的舞蹈（舞台）和樂團這兩個類型巧妙地融入其中。

融入這些新元素和傳統元素，達到極致均衡的完成狀態，我們看到了傑尼斯偶像的「最佳解答」之一。傑尼斯在經歷了 KinKi Kids、小傑尼斯黃金時期之後，從這個歷史轉折點到達下個階段的一個著陸點，就是嵐。這應該不只是因為傑尼斯的特性使然，〈A・RA・SHI〉在 Oricon 週單曲排行榜上獲得第一名，首週銷量也突破五十萬張大獲成功。

在下一節中，我們將探討誕生於小傑尼斯黃金時期的嵐，擴大活動領域並獲得國民偶像地位的過程。並且從傑尼斯歷史的角度，試圖找出成為「國民偶像」的可能原因。

3 成為國民偶像的嵐，在傑尼斯史上的意義是？

成為國民偶像的嵐

一九九九年出道後，嵐擴大活動範圍的同時，也越來越受歡迎，並逐漸被稱為國民偶像。

嵐在二〇〇〇年舉辦第一場演唱會，二〇〇七年還特地選擇東京巨蛋，也就是出道前首次亮相的地方，實現嵐單獨公演的夢想。期間，依據松本潤的提案導入移動式舞台裝置，讓演唱會的評價提高。接著二〇〇八年，舉辦五大巨蛋巡迴演唱會，並以傑尼斯身分成為繼 SMAP 之後第二組在國立競技場舉辦演唱會的藝人。這場在國立競技場的公演，也是嵐第二次亞洲巡迴演唱會的一環，並在台灣、韓國、中國等地舉辦演唱會，顯示傑尼斯以東亞地區為中心，在海外的人氣也越來越高，嵐則是其中的代表性人物。

以這種方式穩扎穩打累積實績的同時，二〇〇九年嵐首次登上「NHK 紅白歌唱大賽」，表演了包括出道曲〈A・RA・SHI〉（一九九九年）和〈Love so sweet〉（二〇〇七年）等四首歌曲的特別組曲。一直以來，傑尼斯基本上只有 SMAP 和 TOKIO 這兩組可以參加紅白，嵐的參加，也可說是小傑尼斯黃金時期的世代參與演出的歷史性事件。之後，他們在二〇一〇年成為該節目史上第一個團體主持人，更在二〇一四年首次擔任壓軸演出，逐漸成為「紅白」的核心人物。

從 SMAP 開始，除了以歌手身分活躍之外，擁有冠名綜藝節目對傑尼斯團體來說已經成為一套「勝利方程式」。嵐當然也不例外！二〇〇一年開播的深夜綜藝節目「真夜中的嵐」（日本電視台，二〇〇一～二〇〇二年）讓他們開始踏上這條道路。

隨後的「嵐的大秘密」（TBS 電視台，二〇〇八～二〇一三年）進入黃金時段，同時段還有「VS嵐」（富士電視台，二〇〇八～二〇二〇年）和「嵐的大挑戰」（日本電視台，二〇一〇～二〇二〇年）兩檔冠名綜藝節目。「VS嵐」是在攝影棚內與來賓一起參加原創遊戲的節目，至於「嵐的大挑戰」則是利用每個成員不同的個性和嗜好進行拍攝，雖然與過去企劃性豐富的節目風格大不相同，但是在黃金時段擁有兩個歷久不衰的冠名節目，這件事本身已經說明「嵐在傑尼斯裡面的特殊地位」。

五人各自的活動

另一方面，成員們各自的演藝活動也很豐富。

五人主要都是以演員的活動為重心，所有成員都參與連續劇的演出，其中又以二宮和也和松本潤的比重比較高。

從小傑尼斯時代開始，在舞台劇和連續劇方面累積經驗的二宮和也，以嵐出道之後也主演了電影《青之炎》（導演：蜷川幸雄，二〇〇三年）等多部電影和連續劇，更曾獲頒日本電影學院獎最佳男主角獎等眾多獎項。此外，他的演技在克林．伊斯威特執導的《來自硫磺島的信》（二〇〇六年）中享譽國際，深厚的演技表現力倍受肯定。

松本潤也同樣從小傑尼斯時代開始，陸續演出連續劇、電影和舞台劇。成為嵐的成員之後，他首次主演連續劇《金田一少年之事件簿》第三季（日本電視台，二〇〇一年），接著在二〇〇二年播出的校園連續劇《極道鮮師》第一季（日本電視台）扮演流氓學生角色而廣受關注。

隨後二〇〇五年，松本潤在校園連續劇《流星花園》（TBS 電視台）中飾演道明寺司一角，該劇也因此一炮而紅，後續還拍攝續集《流星花園 2》（二〇〇七年）和電影《流星花園 F》（導演：石井康晴，二〇〇八年）。這些戲劇的主題曲〈WISH〉（二〇〇五年）、〈Love so sweet〉（二〇〇七年）、〈One Love〉（二〇〇八年）都是由嵐負責演唱，並成為代表歌曲。由櫻井翔主演的《木更津貓眼》（TBS 電視台，二〇〇二年）的主題曲〈a DAY in Our Life〉，以及大野智主演的《魔王》（TBS 電視台，二〇〇八年）的〈truth〉（二〇〇八年）也都是由嵐演唱。由團員演出的戲劇，主題曲成為代表性熱門歌曲的情況，在嵐之中特別明顯。

相葉雅紀特別在近幾年，以綜藝節目為主的主持人身分展開活動。例如「Tokyo Live 22 點——週日晚間輕鬆現場直播中」（東京電視台，二〇一四～二〇一五年）就是一個完全發揮他友善性格的節目。在「哦！體育」（NHK，二〇一六～二〇一九年）這類邀請不同領域來賓的節目，他的人格特質同樣也成為最佳武器。

本來就擅長唱歌和跳舞的大野智，則是以表演方面為重心，另一方面，他也經常在個人活動中展現自己的藝術天賦。出版藝術寫真集《FREE STYLE》（M.Co.，二〇〇八年）和《FREESTYLE II》（M.Co.，二〇一五年），並積極在日本國內外舉辦個展，還負責設計「24小時電視〔愛心救地球〕」（日本電視台，一九七八年～現在）的專屬 T-shirt，並在「嵐的大挑戰」等電視節目的企劃單元中，展現他在創作方面的功力。

談到櫻井翔，還要特別要介紹他身為解說員的活動。像是現在也持續在新聞節目

news zero（日本電視台，二〇〇六年～現在）中，以及多次出現在日本電視台的奧運特別節目裡，他作為解說員的形象，已經深植人心。雖然已經有前輩中居正廣這樣的先例，但他也出現在國政選舉的開票特別報導節目中，對於提升傑尼斯在新聞節目中的存在感，發揮了重要作用。

嵐所展現的「比平凡還要更平凡」

雖然櫻井翔以解說員身分展開活動是極具代表性的表現，但是對嵐整體來說，這並沒有太強烈的所謂娛樂圈的味道。我認為這件事也和「平凡」這個嵐的魅力有關。「平凡」的魅力，正如之前提到的，這也是 SMAP 為傑尼斯帶來的魅力形式，兩個團體在這層意義上兩者是相似的。但是 SMAP 的「平凡」具有與傳統傑尼斯偶像最根本的「王子」做對抗的那一面，他們在媒體上吐露自己的真實心聲，充分發揮自我的真實魅力。這樣的「平凡」得到強調的同時，SMAP 已經被社會大眾認定為是前所未見的全新類型男性偶像。

相較之下，嵐誕生在傑尼斯偶像已經理所當然，被認定為「平凡人」的時代。這意味著嵐所體現的是比「平凡」還要更加「平凡」。並非所有人都是這樣，但是嵐的成員們，在某種意義上不太拘泥於身為傑尼斯這件事。大野智在小傑尼斯時代就認為「娛樂圈已經夠了」，並一度打算離開傑尼斯事務所，這也明確表明了他的想法；他想要找一份與繪畫有關的工作。二宮和在以嵐出道前，也曾經決定離開事務所前往美國學習電影製作。至於櫻井翔，在小傑尼斯時代過著以學業優先的生活，他在考試前一個月會開始請假不工作，這也導致工作量減少，但是他認為「本來就是這樣」，「高中畢業後應該會離開傑尼斯吧！」（同書的第24、78、102頁）

不只是他們，對十幾歲的年輕人而說，對未來充滿徬徨是理所當然的。或許沒有必要特別強調這件事，但是對嵐而言，團員跟娛樂圈保持距離感，在這之間產生好的面向，且不拘泥於固定形式，也成為這個團體的特色。

比方說，這一點也反映在整個團體的扁平化關係中。嵐並沒有決定偶像團體中，典型的C位。當然每首歌都有一位成員是主角，但不是固定的，因此成員之間不會產生階級關係。

但是扁平並不代表沒有個性。每位成員都保有自己的個性，整體來說，五人都具有一體感。大家討論到嵐，都會說他們的「感情很好」，這也可以認定為因為扁平關係所呈現出來的結果吧！

這麼說雖然很矛盾，因為一直維持「比平凡還要更平凡」，讓嵐這個團體在傑尼斯，甚至是男性偶像團體的歷史上成為相當獨特的存在，因而獲得巨大的人氣支持。

在大眾化之後，身為「傑尼斯」的象徵性存在

嵐的「比平凡還要更平凡」這項特點，某些部分也可以解讀為傑尼斯與世間的關係產生變化的結果。

前面我們談到，小傑尼斯黃金時期在傑尼斯歷史上具有劃時代的意義。換言之，

他們建構了一種不是支持個別團體或藝人，而是支持一個名為「傑尼斯」的集合體的文化。

「傑尼斯」作為一個集合體，具有各種不同的面相。以強尼喜多川為首，「傑尼斯」將建立原創娛樂產業當成目標的集團魅力，並在這個前提下完成舞台劇和歌曲等作品展現出來的魅力，以及在電視劇、綜藝節目，甚至是新聞節目中演出的各種人才的魅力。

再加上，即使是年紀比自己大的前輩，也會用「～君」來稱呼的這種扁平式關係的魅力；這也就是現在介紹的嵐這個團體的基本魅力之一。簡而言之，在小傑尼斯黃金時期中誕生的嵐，滲透到社會中，嵐的存在對大眾而言，已經更親近，並成為「傑尼斯」這個集合體的象徵。

像這樣，嵐以及另一個面向的SMAP，發揮他們不變的存在感，從二〇〇〇年代到二〇一〇年代之間，又有新的傑尼斯組合陸續發行CD出道，這舉動呈現出的，正是在我們面前被稱為「傑尼斯獨霸時代」的狀況。下一節開始，將討論關於這方面的話題。

4 NEWS、關西傑尼斯∞、KAT-TUN，二〇〇〇年之後的傑尼斯

作為實驗性團體的 NEWS

在嵐之後，也有小傑尼斯黃金時期的成員加入的團體，在主流市場正式出道。NEWS 於二〇〇三年以九人組合發行 CD 出道，山下智久成為其中的核心人物，同期還加入當時已經以「關西傑尼斯∞」活躍的錦戶亮等兩位關西人。除此之外，還有後來以搖滾樂團 ONE OK ROCK 的主唱 Taka 出名的森內貴寬。

NEWS 的出道曲是世界盃排球賽的形象歌曲，此舉對傑尼斯來說已經逐漸變成一個固定的模式。然而這首單曲〈NEWS NIPPON〉（二〇〇三年）採用在大型連鎖便利商店進行獨家銷售的模式，一般 CD 店並不會進行販售，包括關東和關西的成員混

在一起這一點也是，NEWS是讓人感覺到是傑尼斯一個實驗性要素的團體。

不知道這樣的操作是不是真的太困難，隨著山下智久和錦戶亮退出，NEWS從二〇一一年開始便以小山慶一郎、加藤成亮、增田貴久、手越祐也等四個人繼續活動。

增田和手越充分發揮各自的專長和個性，活躍在綜藝節目和電視劇中，還以「手越增田」的兩人組合進行過歌手活動（但是手越在二〇二〇年退出傑尼斯事務所）。

小山和加藤活躍在應該說是「知性派傑尼斯」的定位上而引發關注。小山擔任新聞節目news every.（日本電視台，二〇一〇年～現在）的解說員，加藤則身為小說家，還成為二〇二〇年直木賞候選人。此外，也有一個極具特色的社會性綜藝節目「NEWS的2人」（TBS電視台，二〇一六年～現在），以他們兩位為主軸，自行採訪和思考世界上的各種問題。

這個部分應該和傑尼斯的逐步高學歷化不無關係。例如嵐的櫻井翔也是如此，最近Snow Man的阿部亮平進入研究所就讀，並取得號稱難度很高的「氣象預報士」資格。這件事，也成為擴展傑尼斯整體活動範圍的重要因素。

關西傑尼斯∞的多樣性

與嵐和 NEWS 一樣，關西傑尼斯∞也可說是在小傑尼斯黃金時期誕生的組合，他們是一個具有多元化魅力的團體。關西傑尼斯∞於二〇〇四年從關西小傑尼斯中脫穎而出，發行 CD 正式出道。目前成員有橫山裕、村上信五、丸山隆平、安田章大、大倉忠義等五人，但初期成員共有八名。當然，他們全部都是關西地方的人，包括和瀧澤秀明並稱的澀谷昂在內，所有人都是經歷過小傑尼斯黃金時期的成員。

出道曲是〈浪花伊呂波小調〉。顧名思義，這是一首帶有演歌味道的歌曲，但是加入饒舌等現代風格的元素。有一個名叫「忍者」的團體在一九九〇年出道，出道歌曲〈祭典忍者〉使用了部分美空雲雀的樂曲。雖然製作一首向流行歌致敬的歌曲是傑尼斯的傳統之一，但是這首歌在傑尼斯之中，仍然算是一首相當獨特的出道歌曲。

另一方面，包括小傑尼斯時代在內，大量樂團形式的活動也是關西傑尼斯∞的一大特點。即使在 CD 出道之後，當中也有以樂團型態存在的團體內組合。相信大家對他們在音樂綜藝節目「關 JAM 完全燃 SHOW」（朝日電視台，二〇一五年～現在）中展現的演奏姿態也相當熟悉。這一點與 TOKIO 並列，也是繼承傑尼斯樂團派系的珍貴團體之一。

另外在團體內組合中也有漫才搭檔，這點相當符合他們身為關西人的特性，而這類搞笑意圖，也可說是繼承了 KinKi Kids 的路線。

擅長主持這件事，除了村上信五的個人活動之外，對整個團體來說也是如此。關西傑尼斯∞整個團體的綜藝技巧相當高，在傑尼斯之中也是首屈一指。他們在冠名節目「關八編年史」（富士電視台，二〇一五年～現在。二〇二〇年改名為「關八編年史F」）中，完成了各種標準的以及獨特的綜藝企劃內容，就可以看出這一點。

「流氓」團體 KAT-TUN 登場

KAT-TUN 則是在二〇〇六年發行 CD 正式出道。現在以龜梨和也、上田龍也、中丸雄一等三人展開活動，但初期的成員共有六位（赤西仁、田口淳之介、田中聖）。

他們在還是小傑尼斯時代時，於二〇〇一年組成，後來也舉辦過單獨演唱會，當時希望參與演唱會的歌迷蜂擁而至，還因此上了新聞版面，可見他們已經相當受到歡迎。

同時，這也是傑尼斯的傳統手法，成員龜梨和也與赤西仁在校園連續劇《極道先師》第二季（二〇〇五年）中飾演流氓學生。隨著該劇的爆紅，他們一舉成為家喻戶曉的人物。此外，龜梨也主演了同年播出的校園劇《改造野豬妹》（日本電視台，二〇〇五年），他與共同演出的山下智久組成團體「修二與彰」，演唱主題曲〈青春Amigo〉（二〇〇五年）成為百萬銷量熱門歌曲。

到了二〇〇六年的三月，KAT-TUN 在萬全準備下出道。就在他們發行 CD 出道前，史無前例的在東京巨蛋舉行了單獨演唱會，出道曲〈Real Face〉不僅登上 Oricon 週單曲排行榜初登場第一名，並創下連續三週第一名的爆炸性熱潮，首週的銷售量是七十五・四萬張，超越二〇二〇年 SixTONES 和 Snow Man 的出道單曲記錄。直到現在，KAT-TUN 依然是新人傑尼斯團體的記錄保持人。

KAT-TUN 耐人尋味之處在於，他們是在二〇〇〇年代之後發片出道的傑尼斯團體中，相當奇特的組合，是一個刻意強調男性偶像類型之一的「流氓」團體。在〈Real Face〉的表演上也是，饒舌和節奏口技，交織著狂野的舞蹈和歌唱，再加上深色系的服飾，強烈散發出「流氓」耀眼的魅力。

「流氓」偶像的蛻變

在傑尼斯之中，一九八〇年代田野近三重奏之一的近藤真彥，以及以搖滾樂團爆紅的男鬪呼組，都是代表性的「流氓」類型偶像。其中還存在著與田原俊彥和光GENJI等「王子」偶像之間相互競爭的架構。透過這兩種迥異類型之間的競爭，在加乘作用影響之下，也提升了傑尼斯整體受歡迎的程度。

但是到了二〇〇〇年代，這樣的架構已經發生變化。相對於「流氓」路線，當「王子」落入了「平凡」，儘管不同團體擁有個性上的差異，但是包括SMAP和嵐在內，一九九〇年代之後「平凡」成為傑尼斯偶像的基本訴求，這時以「流氓」類型大放異彩的傑尼斯偶像，就是KAT-TUN。

與「王子」相互抗衡的時候一樣，就外表而言，並沒有太多明顯的對比。對「流氓」類型的偶像來說，重要的反而是他們的生活態度；這一點也可以套用在同時期出道的 EXILE 身上。不只是一昧地遵循社會常規，貫徹屬於自己的生活方式，成為有個性的「流氓」就是證據。

當 KAT-TUN 成立時的六位成員，相繼退出變成三位時，他們暫停活動長達一年八個月。身為偶像團體，像這樣長時間的「充電期」是很少見的。之所以會選擇這麼做的原因，在二〇一八年恢復活動時，成員之一的上田龍也所說的「已經轉變為三個人一起活下去的心態」，（《日刊體育》二〇一八年一月一日刊）就代表了一切。「充電期」是為了貫徹他們自己，以及團體本身的生存方式所需要的時間。這種態度讓人想起〈Real Face〉中「任何時候都想活在極限裡」、「真實一定會到手、掌握」這些令人印象深刻的歌詞。

老實說，二〇〇〇年代以後的偶像，若要堅持當個「流氓」並不容易。KAT-TUN 的軌跡就說明了這一點。但是正因如此，他們的存在是很珍貴的。

5 「傑尼斯獨霸時代」的意義：從Hey! Say! JUMP進入二〇一〇年代

Hey! Say! JUMP的扁平化感覺

繼二〇〇六年的KAT-TUN之後，Hey! Say! JUMP於二〇〇七年發行CD出道。如同這個團體的名稱一樣，所有成員都出生於一九九〇年代，也就是在平成年生，這一點也成為話題。目前共有山田涼介、知念侑李、中島裕翔、岡本圭人、有岡大貴、高木雄也、伊野尾慧、八乙女光、薮宏太等九位成員，但組成當時的成員其實有十位（森本龍太郎）。團體內組合分成五人年少組的Hey!Say!7，以及五人年長組的Hey!Say!BEST，這一點也和光GENJI與V6類似。

世界盃排球賽的形象歌曲〈Ultra Music Power〉（二〇〇七年）是他們的出道曲，這也是自V6之後，已經成為傑尼斯團隊熟悉的出道模式。這首歌在Oricon週單曲排行榜拿下初登場第一名，同一年他們也在東京巨蛋舉辦首場演唱會（平均年齡創下史上最年輕記錄）等，有了很華麗的起步。

Hey! Say! JUMP也與嵐一樣，成員之間存在著扁平式關係。儘管剛開始有年少組和年長組的區別，但卻沒有感覺到明確的界線或是階級關係。

即使是身為團體中C位的山田涼介也是如此。我之前提過，嵐並沒有決定誰站在C位，但在Hey! Say! JUMP裡，山田則是一直站在C位。不過也並非總是如此，比如在演唱〈Ultra Music Power〉時，就是由從小傑尼斯時代便活躍在電視劇的中島裕翔擔任C位。

簡而言之，C位也不是從一開始就固定的。山田涼介本人經常在綜藝節目中扮演被欺負的角色，這也成為吸引人的地方。至於中島裕翔現在也以男主角等級的演員身分，演出連續劇和電影。連整體而言比較不起眼的成員伊野尾慧，因為被傑尼斯的前輩稱讚「好可愛」而爆紅，被稱為「伊野尾革命」。

如此一來，可以看到 Hey!Say!JUMP 在扁平化關係之中，也存在競爭的要素。正如同前面提到，嵐走紅的時代背景，針對、包含小傑尼斯在內的傑尼斯這個集合體，社會對他們的關注度又更加提高了。像是加入事務所的時期、競爭對手關係、超越團體的交流等，衍生出來的成員們的故事越來越廣為人知，走紅的契機也變得更加多樣化。

二〇一〇年代出道的傑尼斯們

到了二〇一〇年代，正式出道的傑尼斯組合或多或少也可以看到這一面。二〇一一年發行 CD 出道的 Kis-My-Ft2 是由北山宏光、千賀健永、宮田俊哉、横尾涉、藤谷太輔、玉森裕太、二階堂高嗣等七人組成的團體。他們利用團體內前排和後排的「階級差異」這種逆向操作，提升團體的整體知名度。那些經常在表演中比較不起眼的後排成員，在中居正廣的製作之下，成立名為「舞祭組」的組合發行 CD 出道，伴隨著自嘲式的搞笑來行銷自己，進而獲得成功。

此外，擅長特技雜耍，二〇一二年成為傑尼斯中第一個透過發行DVD出道的團體A.B.C-Z，是由橋本良亮、戶塚祥太、河合郁人、五關晃一、塚田僚一五人組成。多位成員都隸屬小傑尼斯很多年，因此經常被說是「苦命人」而成為話題的主角。成員之一的河合郁人，因模仿其他傑尼斯成員的舞蹈和不經意的小動作而受到關注，這也是他活用過往經歷所呈現出來的一面。

同一時間，繼承傑尼斯傳統的團體也出道了。這是於二〇一四年發行CD出道的「傑尼斯WEST」，成員有重岡大毅、桐山照史、中間淳太、神山智洋、藤井流星、濱田崇裕、小瀧望七個人。顧名思義，就是由關西小傑尼斯的成員所組成的，這是由KinKi Kids和關西傑尼斯∞承繼下來的關西人團體。出道曲〈這樣不是很好嗎〉也是一首與關西傑尼斯∞具有共通點的祭典歌曲，這類巧妙融入流行歌曲味道的樂曲，也成為來自關西的傑尼斯成員的註冊商標之一。

另一方面，負責復興傑尼斯原點，「王子」路線的團體也在二〇一〇年代出現。

由中島健人、菊池風磨、佐藤勝利、松島聰、馬里烏斯葉等五人組成的Sexy Zone於二〇一一年以〈Sexy Zone〉一曲出道。這首歌是世界盃排球賽的形象歌曲，最重要的是，他們在演唱的時候手裡會拿著一朵紅玫瑰登場，這就是傑尼斯的正統派「王子」路線的偶像。然而與過去不同的是，像中島健人這類巧妙地自我塑造出來的「王子」，添加了符合現在這個時代的娛樂性。

至於二〇一八年以〈Cinderella Girl〉一曲出道的King & Prince，顧名思義就是依循「王子」路線的團體之一。以小傑尼斯時代組成的Mr. King vs Mr. Prince這個團體為出發點，分成兩個三人組合Mr. King（平野紫耀、永瀨廉、高橋海人）和Mr. Prince（岸優太、神宮寺勇太、岩橋玄樹），彼此之間具有相互競爭的架構。這裡也突顯了平野紫耀的天然呆性格，同樣是「王子」卻添加了不同的味道。

「傑尼斯獨霸時代」意味著什麼？

於是，業界出現了堪稱是「傑尼斯獨霸時代」的局面。超過十個以上的團體正式出道，而且同時持續演藝活動，這在傑尼斯歷史上可說是前所未見的狀況。不過，這件事在男性偶像史這個大架構之下有著什麼樣的意義呢？

首先我們可以再次確認，自一九六〇年代之後，男性偶像被分成「王子」和「流氓」這兩大類型。但是當 SMAP 於九〇年代登場時，增加了一個不屬於任何一方，稱為「平凡」的嶄新類型，而且嵐也繼承了這個方向並且獨自發展，讓「平凡」這個類型更加發揚壯大。在這樣的架構之下，「傑尼斯獨霸時代」可以看作是「平凡」偶像這個第三勢力成為主流的黃金時代。

考量這一點，其實「傑尼斯獨霸時代」到來的原因之一，就是因為偶像能成為永恆不滅的存在，而且這個面向到現在依然沒有改變，即使小時候的偶像只是青春期特有的存在。從青春期的孩子轉變成大人的過渡期中，偶像被當成是覺醒的戀愛、情感投射的對象。

但是到了一九九〇年代，也就是進入平成時期之後，偶像不再只是投射戀愛情感的對象，而是成為可以攜手共度人生的存在。SMAP造就了這樣的偶像存在方式，偶像成為任何年齡層的人都可以支持的人物。同時，身為偶像的這一方也是如此，偶像不再需要因為年齡的關係而結束偶像生涯。這就是為什麼會有超過十個以上不同世代的傑尼斯團體，能同時活躍在第一線的原因。

另一個原因則是，我們這些社會大眾認定，「偶像主要活動的場域就是電視」。當我們討論「傑尼斯獨霸時代」時，一般的判斷基準放在他們在電視上活躍的程度。當然，傑尼斯也在音樂劇和演唱會方面投注了大量的心力，從傑尼斯事務所成立的過程來看，也可以說這些是他們主要的活動項目。但是當我們意識到男性偶像全部都是傑尼斯的時候，我認為，大部分的原因是因為他們增加了在電視上的曝光度，才會讓我們有這樣的判斷。

事實上，自一九九〇年代以後，傑尼斯在電視上的活動變得非常多樣化。除了音樂節目之外，包括連續劇、綜藝節目、體育節目，以及新聞和資訊情報節目等，傑尼斯幾乎出現在所有類型的節目中。當然，其中也包含一些業界的因素。不過本質上，電視這個作為與日常生活息息相關的媒介，與變成「平凡」人的傑尼斯偶像之間，想必存在著很好的「兼容性」。傑尼斯願意展現真實的一面，並且依據成員的個性，認真致力於擅長的領域，電視的存在可說是非常適合傑尼斯。

「平凡」的時代，「流氓」與「王子」各自懷抱困難

但是，這裡也存在著某種弱點。那就是當「平凡」成為標準類型時，「流氓」和「王子」等傳統類型的男性偶像就會越來越難以生存。

關於「流氓」這個類型，大部分的藝人都變成 EXILE 這類型的偶像。或許，有人很難接受說「他們是偶像」這種狹義的定位，但是對那些尋求「流氓」類型偶像的人來說，反而更容易接受。「王子」類型的偶像也是，如果只是音樂節目的話還好，

但在如今這個活動場域已經擴展到整個電視圈的時代，要找到安身之處出乎意料的困難。果然「王子」還是必須存在於遙不可及的地方才行，不過電視卻是試圖拉近各種存在感的媒介。

那麼，接下來男性偶像的世界會發生什麼樣的變化？就是下一章要探討的部分。

第七章

傑尼斯進軍網路、菅田將暉與 BTS 顯示的意義：二〇一〇年代是嶄新的變革期

這裡將探討二〇一〇年代到現在為止的男性偶像，並總結迄今為止的種種娛樂圈現象。特別要關注的包括傑尼斯正式進軍網路、菅田將暉等年輕演員的崛起、K–POP 團體的流行，以及男性偶像的現狀和變化跡象等議題。

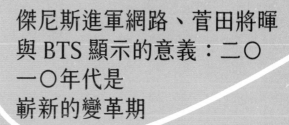

1 傑尼斯進軍網路，嶄新的小傑尼斯時代

傑尼斯的網路解禁

透過電視的發展，傑尼斯確立了自己的地位。即便他們本來的出發點是舞台劇，尤其是對原創音樂劇懷抱著夢想，但是因為有了名為電視的另一個場域，因而造就了傑尼斯今日的影響力。舞台和電視，可說是傑尼斯這部汽車的兩個輪子。

另一方面，可能是因為這段歷史的關係，傑尼斯直到近幾年才對網際網路表示興趣。嚴格來說，過去的理由是「出於保護肖像權」等種種原因，才會一直與網路劃清界線。例如，很多雜誌幾乎每期的封面人物都是傑尼斯藝人，但是在網路上介紹這張照片時，卻只有傑尼斯藝人的部分會用馬賽克遮蓋掉，過去這種狀況一直持續著。

但是這件事也已經逐漸改變。如今網路上的照片開始逐步解禁，二〇一八年一月，包括記者會和舞台見面會等照片也有條件地解禁，同時也有傑尼斯藝人演出網路劇。我記得這一連串的改變，讓相當多的傑尼斯粉絲非常震驚。

「小傑尼斯頻道」開播

不僅如此，還發生了一件讓我們深切感受到更巨大的時代轉變的事情。二〇一八年三月，傑尼斯事務所在 YouTube 開設了官方頻道 Johnny's Jr. Channel。這個頻道由五個小傑尼斯團體輪流、固定負責一天，每週一次定期發布影片。內容包括普通的表演、綜藝性的內容，以及每位成員的真實面貌等，內容完全不設限。企劃本身由各個團體的成員互相討論之後定案，也有人上傳會議內容的影片。開設當時負責當值日生的五個團體分別是 Snow Man、Travis Japan、SixTONES、美 少年（開設時為東京 B 少年）、HiHiJets 等五組。

這件事的背後，與偶像界整體的網路戰略提升有關。偶像的基本魅力就是親切感，根據這一點可以很明確地知道，比電視更容易醞釀熟悉感的網際網路，對偶像來說是一個相當合適的媒體。

但是這一點，就女性偶像而言，還是處在領先的地位。例如AKB等AKB48的團體就比傑尼斯更早開始活用社群網路服務（SNS）和影片發布功能。後來，像是以YouTube的化妝影片受到好評的NMB48吉田朱里一樣，也出現了透過影片和直播受到注目的成員。

傑尼斯遲遲沒有進軍網際網路的原因，其中一個可能性就是傑尼斯特有的「距離感」魅力。之前也提過，一九九〇年代SMAP走紅之後「平凡」的魅力開始流行，那種「距離感」雖然變得比較不明顯，但是身為「王子」的魅力對傑尼斯來說依然是不變的本質。如果是這樣，比電視感覺「更親近」的網路，與傑尼斯之間的「兼容性」一定不會很好。

可是，現在的小傑尼斯和他們的粉絲幾乎都是十到二十歲，是被稱為「數位原住民」的世代，他們懂事的時候使用網路已經是理所當然的事了。對這些嚮往 YouTuber 這類網路人物的世代來說，偶像在網路上的活動想必也被當成一件理所當然的事。這點，就是以小傑尼斯為主的傑尼斯網路解禁的原因之一吧！

在這種情況下，傑尼斯也已經開始嘗試消除「遠」和「近」這種內心糾結的方法，作法之一就是傑尼斯對 V-Tuber（虛擬 YouTuber）的嘗試。

從二〇一九年二月開始，在可以與觀眾做即時交流互動的媒體串流服務 SHOWROOM 中，小傑尼斯底下的小組「浪花男子」的成員藤原丈一郎與大橋和也分別以「海堂飛鳥」和「莓谷星空」名義展開 V-Tuber 的企劃活動。所謂的 V-tuber 是一個可以依據人的聲音和動作來做活動的 3D 虛擬角色。雖然外表是動畫化的美少年，但是聲音和動作卻是藤原與大橋本人。這麼一來，偶像就可以同時確保王子不露臉的「距離感」和網路特性的「親近感」。

SixTONES與Snow Man同時正式出道

傑尼斯的網路解禁集中在小傑尼斯身上，還有另一個可能的原因，那就是傑尼斯企圖再次打造小傑尼斯黃金時期的戰略。

這件事與瀧澤秀明有關。透過「瀧與翼」、許多電視連續劇演出，以及舞台劇「瀧澤歌舞伎」等活動持續活躍在第一線的瀧澤，於二〇一八年底宣布退休，不再進行演藝活動，轉而專注在小傑尼斯的養成和舞台劇、演唱會的製作上。現在他是傑尼斯事務所的副社長，同時也是以經營小傑尼斯為主要業務的傑尼斯分公司「傑尼斯島嶼株式會社」（Johnnys' Island）的社長。

這裡也出現「小傑尼斯」這個關鍵字，而瀧澤本人也表明「今後的目標就是重現他自己經歷過的小傑尼斯黃金時期」。對瀧澤來說，他們經歷過的黃金時期看起來是「非常美麗的風景」，這就是傑尼斯的理想狀態之一吧！（「TOKIO カケル」富士電視台，二〇一二年～現在；二〇一八年十二月十九日播出時的發言內容。）

二〇二〇年一月 SixTONES 和 Snow Man 同時出道，似乎也與這個理想有關，這是傑尼斯第一次有兩組人馬同時出道。

出道曲的發行形式也是前所未見的。SixTONES 的出道曲〈Imitation Rain〉和 Snow Man 的出道曲〈D.D.〉不是單獨發行，而是以「互相收錄對方主打單曲」的方式發行，但以 SixTONES 為主的通常盤則有自己的收錄曲；以 Snow Man 為主的通常盤也有自己的收錄曲。「互相收錄」這件事除了可以讓歌迷選擇最愛一方的版本，也可以看出傑尼斯將兩個團體視為一體的策略。在 Oricon 週單曲排行榜中，兩團以首週合計，總銷量一百三十萬張拿下第一名，出道單曲在首週突破百萬銷量也是史上最佳記錄。這樣的手法除了讓兩個團體處在競爭對手的關係之外，同時也強調了身為小傑尼斯這個命運共同體的面向。

前面也提到，這兩個團體也都有在 YouTube 的 Johnny's Jr. Channel 頻道各自負責一天的內容。此外，由「傑尼斯島嶼株式會社」經營的網站 ISLAND TV 也會發布小傑尼斯的演唱會和影片。換句話說就是，這是一個特別強調小傑尼斯的網站。耐人尋味的是，SixTONES和Snow Man的內容，在正式出道之後的現在還是繼續上傳（至二〇二一年一月二日的狀況）。由此可見SixTONES和Snow Man的同時出道，和以小傑尼斯為主的嶄新的傑尼斯發展方向息息相關。

小傑尼斯的活躍狀況

事實上，小傑尼斯底下目前有超過十個組合展開激烈競爭，同時小傑尼斯整體也呈現十分活絡的狀況。

二〇一九年八月，包括十二個組合在內，合計超過三百人以上的小傑尼斯，一同舉辦了東京巨蛋演唱會。距離上次小傑尼斯單獨舉行演唱會這件事，已經睽違十九年之久，而且同時還進行了傑尼斯史上「首度全程網路直播」，宣布SixTONES和Snow Man同時正式出道也是在這一場演唱會的時候。

強尼喜多川過世後，改由瀧澤秀明負責小傑尼斯整體的培訓和製作、經營。當然在此之前，瀧澤就已經透過各種方式負責訓練和製作小傑尼斯，SixTONES 和 Snow Man 也不例外。對 SixTONES 而言的第一支音樂錄影帶 JAPONICA STYLE（二〇一八年）就是瀧澤首部製作的音樂錄影帶。此外 Snow Man 長年演出「瀧澤歌舞伎」，也是與瀧澤合作次數很多的團體。

那麼，在這些新的動向中，可以被視為「傑尼斯獨霸時代」的現況，今後會變成怎樣呢？關於這一點，除了傑尼斯以外，或許必須再次討論所有男性偶像現在所處的狀況。接下來，可以談談近年來許多年輕演員的偶像地位，這是一個值得注意的現象。

2 新型態個人偶像，菅田將暉等新生代演員抬頭

福山雅治、星野源、北村匠海……「演技派歌手」的時代

在歌手世界裡，以傑尼斯為首的偶像團體進入全盛期，至於過去曾經是主流的個人偶像，則是由近幾年不斷崛起的年輕演員來承接。

「偶像＝歌手」這樣的認知，直到一九八〇年代為止都是根深蒂固的。但是如前面提到的，也有像中村雅俊這樣，因為演出校園連續劇而匯集偶像般人氣的演員。森田健作和石橋正次也是如此，他們的本業是演員，另一方面也透過唱歌一炮而紅；即使身為歌手也展現出存在感。如果往前回溯的話，石原裕次郎和小林旭等人也有這項共通點，他們都是以「歌手演員」身分活躍在演藝圈。

進入一九九〇年代，同樣是兼差，但是類型相反的現象開始增加。換句話說，就是「歌手演員」。他們跟剛才提到的演員相比，很明顯地將更多演藝事業的比重放在音樂方面。

這樣的先驅者就是福山雅治，一九六九年出生，一九九〇年發行〈追憶的雨中〉一曲後，正式以歌手身分出道。對他來說，歌手活動就是他的本質。來自長崎的福山，出道前已經對九州的「明太搖滾」相當著迷，他決定首次參與連續劇《愛有明天》（TBS 電視台，一九九一年）的演出，其中的一個原因就是曾經擔任 ARB 主唱的石橋凌也有參與演出。（《總力特急 福山雅治．別冊角川》／《Kadokawa Mook》第三百一十一號，角川 Marketing，第 84～86 頁）

這樣的結果，也產生了音樂人和演員之間的加乘作用。他在一九九三年播出的《一個屋簷下》（富士電視台）中扮演「小哥哥」一角走紅，一九九四年發行〈IT'S ONLY LOVE／SORRY BABY〉拿下第一個 Oricon 週單曲排行榜第一名。之後發行的〈Hello〉（一九九五年）更拿到 Oricon 週單曲排行榜初登場第一名，連續兩首歌都創下百萬銷售記錄。直到現在，他仍持續歌手和演員雙棲的活動。

同樣狀況也可以套用在星野源身上。星野源出生於一九八一年，身為器樂樂隊SAKEROCK的成員，二十歲時展開他的音樂生涯。同時他也對戲劇產生興趣，自二〇〇三年演出劇團大人計畫的《人間破產》之後，正式以演員身分展開活動。（星野源《工作男》文春文庫／文藝春秋，二〇一五年，第199頁）

隨後，二〇〇七年演出電視劇《去年在雷諾瓦》（東京電視台），二〇一三年首次主演電影《宅男的戀愛》（箱入り息子の恋／導演：市井昌秀）。此外二〇一五年則是首次參加「NHK紅白歌唱大賽」，活躍在歌手和演員兩個事業領域中。然而，讓這個兼差形式完美地開花結果，是在二〇一六年播出的電視劇《月薪嬌妻》（TBS電視台）。劇中，星野源飾演的津崎平匡與新垣結衣飾演的森山實栗以契約結婚方式共同生活，同時他所演唱的主題曲〈戀〉也大受歡迎。連續劇片尾曲中，由演出者們跳的「戀舞」也引爆社會現象般的人氣。

北村匠海就是近期繼承這個路線的人。北村出生於一九九七年，是二〇一一年成立的舞蹈搖滾樂團 DISH // 的主唱兼團長。雖然從童星時代開始的演員資歷頗長，但直到在二〇一七年上映的熱門電影《我想吃掉你的胰臟》中擔綱主演才大受關注。二〇二〇年他以 DISH // 名義演唱的〈貓〉也因為 YouTube 影片而大獲成功，身為歌手的存在感也大幅增加。

靠「特攝電視劇」躍龍門

另一方面，近年來成為年輕演員登龍門之處，就是假面騎士系列（朝日電視台，一九七一年～現在）和超級戰隊系列（朝日電視台，一九七五年～現在）等特攝電視劇。

即使我們把時間範圍縮小至二〇〇〇年代後半到二〇一〇年代，從特攝電視劇發跡，現在依然活躍在第一線的演員，還是不勝枚舉。光是觀察主要的系列也就人才濟濟，假面騎手系列包括佐藤健、瀨戶康史、菅田將暉、福士蒼汰、吉澤亮、竹內涼真、磯村勇斗等人。超級戰隊系列則有松坂桃李、千葉雄大、山田裕貴、龍星涼、志尊淳、橫濱流星等優異的陣容。

比如說志尊淳是從動漫、小說、遊戲等「二・五次元」的舞台出道的，經歷五花八門，但是毫無疑問的，特攝電視劇對年輕演員來說已經成為媒體和觀眾關注的焦點。事實上，剛才提到的演員們現在都在所有電影、連續劇、舞台劇中，飾演主角等級的角色。

如果必須針對近年的傾向來舉例的話，對演員來說就是「特攝」電視劇，對歌手來說就是「選秀節目」吧！

偶像是「未完成」的狀態，這就是為什麼他們努力成長的姿態具有這麼大的吸引力。從這層意義上來看，特攝電視劇具有類似選秀節目的一面。而且對觀眾來說，「特攝」不僅是在觀賞一部作品，更是一個發現未來前途無量的年輕演員之處，可以期待他們從菜鳥成長後扮演各種不同的角色。

如果舉其他例子來說的話，出現在特攝電視劇中的年輕演員，也跟小傑尼斯在傑尼斯裡面的地位差不多。雖然尚未正式發行ＣＤ出道，但在那個階段已經走紅的小傑尼斯，與主演特攝電視劇的年輕演員，有著相互重疊的部分。

過去被認為是拍攝給小孩子看的特攝電視劇，現在已經變成情節複雜，與歷史重疊並精心設計的系列故事，同時也獲得了廣泛年齡層觀眾的支持。在這樣的背景之下，開始具有「發現偶像」的場域空間這層意義。

靈活運用搭檔的演員：菅田將暉

從這類「特攝」電視劇中脫穎而出的年輕演員代表人物之一，就是菅田將暉。

如前面提到的，菅田將暉主演「平成假面騎士系列作品」之一的《假面騎士W》（朝日電視台，二〇〇九～二〇一〇年），一九九三年出生的他，在節目播出時年僅十六歲，是假面騎士史上最年輕的主角。

此外，《假面騎士W》針對騎士個人也進行了第一次的嘗試。正如標題W所代表的，故事設定兩個人透過變身後合體成為一個假面騎士，其中一位是桐山漣飾演的左翔太郎，另一位則是菅田將暉飾演的菲利普。左翔太郎是私家偵探，菲利普雖然身為他的搭檔，卻是一位神祕少年，而且菲利普有一個祕密，這個祕密隨著與怪人戰鬥進而成為故事的關鍵。

從這些設定也可以了解，這個《假面騎士W》是描寫兩人組合採取行動的「搭檔故事」，而菅田將暉這位演員，在這之後也很不可思議地演出了非常多不同的「搭檔故事」。

例如在《dele》（朝日電視台，二〇一八年）中，他飾演的角色是山田孝之飾演的坂上圭司的搭檔真柴祐太郎。兩人被要求執行一項工作，就是抹滅死者留下來的數位記錄。真柴代替靠輪椅生活的程式設計師坂上，直接對應外部的要求，有時還必須冒著風險完成各項任務。這部作品讓人想起一九七〇年代播出的日本經典「搭檔故事」，就是由萩原健一和水谷豐這對組合出名的《滿是傷痕的天使》。

另外還有一個獨特的「搭檔故事」就是《人民之王》（朝日電視台，二〇一五年）。這是一部描寫總理大臣和他的兒子交換靈魂之後，引發混亂騷動的喜劇，遠藤憲一飾演總理大臣，菅田將暉飾演他的兒子。

坊間也有很多描寫兩個年輕人的友誼這類青春物語的「搭檔故事」。說到菅田將暉演出的作品，像是電影《瀨戶內海》（導演：大森立嗣，二〇一六年）描寫兩位高中生放學後在河邊階梯上隨意聊天的日子，以及電影《火花》（導演：板尾創路，二〇一七年）描寫不受歡迎的藝人，前後輩之間的日常生活，像這樣的例子。

《假面騎士W》也有這種青春物語的一面。菲利普剛開始個性冷漠，對其他人毫不關心，但是當他與翔太郎合作、合體還一同並肩作戰時，也加深了夥伴意識，變得願意對其他人犧牲奉獻了。這樣的故事發展，與表現年輕人的成長這種偶像魅力，存在著共通之處。

偶像作為肯定生存方式的存在

不過，菅田將暉飾演的角色並未侷限在這些類型，反而是很少有年輕演員能夠像他一樣，演出過這麼多樣化的角色。

菅田將暉也曾經飾演一個受到自我意識苛責而飽受折磨的年輕人，二〇一三年上映的電影《共食家族》（導演：青山真治）就是這樣的一部作品。菅田所飾演的篠垣遠馬是一名十七歲高中生，父母離異，原因是由於父親在性行為過程中對女性施暴，在他憎恨這樣的父親同時，卻意識到自己也有同樣的衝動，因而感到害怕。

家人和我們有著血緣關係，也一直守護著我們，但有時卻成為難以逃脫的詛咒，折磨著我們。這部電影將每個人都經歷過，年輕人特有的苦惱，透過「性」這個人類本質的部分生動地描繪出來。

在某種意義上，與這部《共食家族》在內容上完全相反的，應該是二〇一九年播出的校園連續劇《三年A班——從此刻起，大家都是我的人質》（日本電視台）這部戲。菅田將暉在這部作品中飾演高中老師，包含向社群網路傳達的訊息內容在內都成為熱門話題。

劇中他所飾演的柊一颯，並不是傳統校園連續劇中經常出現的熱血老師。柊把即將畢業的三年A組學生當成人質關在教室裡，目的是為了讓同學思考班上的女學生之前為什麼要自殺。他向同學們宣告，如果沒有在截止日期前完成這項課題的話，大家就會死。接著，柊逐一揭露隱藏在女學生死亡背後，同學們的真實面貌和想法。

菅田將暉的角色甚至不惜自己犯下罪刑，好讓學生們從自我意識的牢籠中解放，並照亮隱藏在他們內心深處的苦惱。這部作品的架構，呈現出這個時代的年輕人如果沒有被逼到極端狀態，就無法展現出真實自己的社會現狀。但是，達到這個目的並試圖自殺的柊，最後也被這些學生們拯救。

如各位所知，菅田將暉也很積極投入歌手的工作。從這個意義上，他也很貼近於「演技派歌手」的路線。二〇一九年他首次登上「NHK紅白歌唱大賽」。當時演唱的歌曲是由米津玄師作詞作曲，並執行製作的〈找錯遊戲〉（二〇一九年）。「找錯遊戲中錯誤的那邊，雖然覺得自己誕生於此，」但是我因為與「你」相遇，所以意識到追尋「無論是錯誤還是正確」的這件事是沒有意義的。在這首歌裡也描繪出一個自我意識過剩的年輕人，終於走完能夠肯定自己的那一段軌跡。

菅田將暉在出道作品和歌曲中，不斷重複自我意識受到束縛，以及從中解放這樣的主題，這再次顯現出存在於當今日本社會中「生存困難」這項深刻地問題。這個時代的偶像，被單方面要求要像演唱〈世界上唯一的花〉的 SMAP 一樣，必須教導人們肯定生命、活出生命的快樂。毫無疑問，菅田將暉就是其中一人。

基於目前為止所提到的內容，接下來我們會探討男性偶像的現況，以及從中看到的男性偶像的未來。

3 全球化之下的男性偶像，得無國界發展

強化表演導向的傑尼斯

在本章的第一節，有提到想「再創小傑尼斯黃金時期」成為瀧澤秀明負責培訓和製作小傑尼斯時設定的一大目標。

然而要實現這一點，單純只是承襲過往的做法是不夠的。距離上次的黃金時期已經過了大約二十年之久，偶像的存在方式也產生變化。事實上，即使是在二〇二〇年一同華麗出道的 SixTONES 和 Snow Man，也可以從中窺見現今男性偶像的趨勢變化。

也就是強化「表演」的導向。

日本式的偶像觀，無論男女都會以「未完成」的魅力為核心。顏值、歌唱實力和舞蹈魅力固然重要，但是即使不成熟，依然對所有事情努力、持續不懈成長，這才是偶像不可或缺的魅力，而且粉絲們也支持著他們這些成長的過程。

但是近年來，反對這種傳統偶像觀的浪潮正在逐漸增強當中。無論是唱歌還是跳舞，偶像一出道就被追求得呈現高品質的表演。換句話說，對偶像而言，從一開始就必須是完成、完整的型態，這件事變得相當重要。

這一點對 SixTONES 和 Snow Man 來說也不例外。除了音樂錄影帶之外，像是單獨展現他們在歌曲中舞蹈部分的舞蹈影片，也可以看出他們在表演上付出的心力。

當然，這兩個團體在特性上是完全不同的。SixTONES 的舞蹈展現出個別成員的特色，團員還曾經自嘲「舞蹈動作沒辦法統一」；Snow Man 則是融入傑尼斯傳統的雜技要素，呈現出團體魅力的舞蹈。無論是哪一種，兩者都不是傳統偶像式的固定舞蹈動作，而是追求自我表現的舞蹈。

這部分讓人感覺他們和 LDH JAPAN 旗下的 EXILE、三代目 J SOUL BROTHERS

from EXILE TRIBE、GENERATIONS from EXILE TRIBE 等團體一樣，都活躍在同一個時代。之前提到的這些團體都可以稱為「藝人偶像」，而傑尼斯也在某種意義上接近這樣的定位。

K-POP 流行和男性偶像的全球化

同樣的潮流在 K-POP 的動向也不容忽視！二〇〇〇年代，像東方神起等來自韓國的男性偶像團體，在 Oricon 獲得排行榜第一名，韓國男性偶像在日本娛樂圈也相當活躍。這個時代以年輕人為主的 K-POP 大流行，以大方向來說，就是基於這樣的歷史而成立的。

但是就根本性的向量而言，有些層面還是與二〇〇〇年代的時候不同。像是東方神起等，二〇〇〇年代的韓國男性偶像仍將比重放在適應日本市場上。不過以 BTS（防彈少年團）為首，包括近年來的人氣 K-POP 組合來說，打從一開始，他們就打算瞄準全世界的市場了。即使日本市場很重要，但也只是這種戰略下的目標之一罷了。

媒體文化研究者金成玟，就指出：「日本對K-POP的重新認識，不只是將K-POP當作韓流這麼狹窄的領域，（略）而是要體認到K-POP已成為全球化消費性的流行音樂市場。」（金成玟《K-POP——新感覺的媒體》岩波新書／岩波書店，二〇一八年，第201頁）在這樣的全球化推進之下，男性偶像除了增強表演導向，也更加要求完成度。全球化的真相，其實就是以歐美的表演模式為基準，也與身為專業人士追求完成度這種重視歐美娛樂產業的作風有關。BTS所有成員都參與作曲，並且著重在社會性議題上。這種自我主張的導向，也與歐美標準之下的全球化，有著密切的關係。

這時日本的偶像會變成什麼樣子也是值得關注的。傑尼斯進軍網路之際，當然也有擴張海外版圖的念頭。強尼喜多川生前也試圖將傑尼斯這個他親手建立起來的獨特日本娛樂事業，推展到海外。透過網際網路，這個趨勢在未來有十足的可能性得以加速發展。

選秀節目的趨勢

另一方面，對於「習慣去支持偶像成長過程」的日式偶像文化的人來說，目前也有一種比較容易讓人接受的新趨勢，那就是選秀節目的增加。近年來，偶像的選秀節目非常興盛。比如說，從二〇一五年韓國有線電視播出的選秀節目「SIXTEEN」組成的 TWICE，以及二〇一八年同樣由選秀節目「PRODUCE48」組成的 IZ*ONE 等，透過選秀節目出道的女性偶像團體受到注目。TWICE 團員分別來自韓國、日本和台灣，IZ*ONE 則是韓國和日本；兩組都是由跨國成員組成，也是特點之一。

此外，二〇二〇年十二月正式出道，同年首度登上「NHK 紅白歌唱大賽」的超人氣組合 NiziU 也是由日韓聯合選秀計畫「Nizi Project」誕生的女性偶像團體。這選秀計畫基本上是以網路播放為主，之後會剪輯精華版並在電視上播出。資訊情報節目「SUKKIRI!!」（日本電視台，二〇〇六年～現在）就經常播出她們的特輯，並得到廣大的迴響，這件事我還記憶猶新。

不過，偶像選秀節目興盛的狀況過去也不是沒有發生過。一九七〇年代初期開始的「明星誕生！」就是奠定日本偶像文化基礎的選秀節目，我們甚至可以說，延續至今的日本偶像歷史的起點，就是從誕生了森昌子、櫻田淳子、山口百恵的「花中三人組」和粉紅淑女的這個節目開始的。

之後，在一九八〇年代掀起一波瘋狂熱潮的小貓俱樂部，大部分成員也都來自「晚霞貓咪」（富士電視台，一九八五～一九八七年）節目中的選秀單元而來。到了九〇年代，知名的「五花八門淺草橋」（ASAYAN／東京電視台，一九九五～二〇〇二年）的選秀節目，也讓早安少女組和鈴木亞美等新人輩出。

不過回過頭來看，從選秀節目誕生的偶像，還是以女性偶像為主。其實「明星誕生！」並沒有限定只有女性能參加，「化學超男子」CHEMISTRY也是透過「五花八門淺草橋」的選秀出道並且走紅。但整體而言，選秀節目和女性偶像的連結性很強也是不爭的事實。

然而，日本最近也出現了從選秀節目中誕生男性偶像的案例。二〇二〇年三月出道的知名團體 JO1 就是從「PRODUCE 101 JAPAN」這個選秀節目合格的十一人所組成的男性偶像團體。TBS 電視台播出了選秀實況的第一集和最後一集，但基本上這節目是在「GYAO！」進行網路播出。

這個節目最大的特色就是觀眾參與式的選秀方式。前面提到的 PRODUCE48 也是這樣出道的，觀眾被稱為是「國民製作人」，可以投票給他們認為有前途的成員，或稱為「練習生」。節目一路上設置許多名為「戰鬥」的關卡，根據最後的觀眾投票結果排名，從一百零一人之中選出十一個人。

偶像的粉絲想要當製作人，從「明星誕生！」那個時代開始便有，並以男性粉絲為主。透過逐一見證的海選過程，男性粉絲會產生為自己喜歡的女性選手和為其加油的心情，同時也培養粉絲「如果是我的話會這樣評分」這種客觀分析偶像的角度。然而，當時這些都還只是願望而已，從未在現實中實現過。

但是在那之後，隨著科技和網路媒體的發展，這個願望得以實現了。二〇〇〇年代出現的虛擬偶像「初音未來」就是一個很好的例子。至於剛才提到的「國民製作人」

系統下舉辦的選秀試鏡，也可看作是同一段歷史的一環。

無國界化偶像

基於這樣的趨勢之下，JO1的情況與過往不同，以女性粉絲成為主體的「選擇」方這一點是需要特別關注的。如果更進一步宏觀的話，也可說女性偶像靠男粉絲支持，男性偶像靠女粉絲支持的固定架構，在近幾年已經崩潰。

這種傾向從松田聖子，或是安室奈美惠時期就已經存在，如今有越來越多女性粉絲，也將女性偶像視為是欽佩和認同的對象，進而支持她們。反之，喜歡傑尼斯的男性似乎也變多了。也就是說，偶像和粉絲的關係中，傳統的性別隔閡正在逐漸消失。簡而言之，就是「無國界化」正在進行當中。

這種無國界化不只是指性別而已。隨著在網路上持續舉辦的各式活動日益普及，以及全球化的趨勢之下，「支持」這件事已經跨越偶像與粉絲之間的那道牆，以及國界等各種次元的現存界線，甚至還有能直接橫越的現象。

這種趨勢，今後恐怕還會持續一段時間。過去，在日本社會這個國內共同體的基礎上所建立起來的日本偶像，也被迫必須改變。至於男性偶像也如同我們前面所說的，傑尼斯已經投身於無國界的浪潮之中，所以圍繞在男性偶像的變化也持續推進中。

當然，正如我們在書中所探討的內容，日本的男性偶像的歷史，也已經累積了半個世紀以上之久。從中培育出來的固有文化，也已經深植在我們心中。例如用以前支持個人偶像的方式來支持現在的年輕男演員，就是為了守護這種固有偶像文化的一種表現。但可以肯定的是，這種固有的偶像文化將會隨著時代變遷，迎來重新建構的時期吧！未來的發展還不確定。但在此同時，也意味著男性偶像即將進入一個前所未有的有趣的時代。

終章

所謂的男性偶像是？

截至目前為止，我們已經回顧了從一九六〇年代到現在為止，大約六十年的男性偶像歷史。最後，我們再次來思考男性偶像到底是什麼樣的存在？

1 男性偶像「永無止境」的理由？

作為線索之一，首先讓我們來比較一下男性偶像和女性偶像的差異，兩者到底有什麼不同？

其中可發現的一件事就是，男性偶像已經成為「永無止境」的人物，但是女性偶像則不然。

比方說，TOKIO的隊長城島茂在二〇二〇年十一月滿五十歲。雖然他的年齡常常被拿出來開玩笑，但毫無疑問的，在日本他依然是活躍在第一線的偶像。更何況是三、四十歲的人，今天你稱呼他們為偶像也沒有任何不妥之處。同時，在二〇二〇年底結束活動的嵐，成員年齡就落在三十歲後半到四十歲之間。

不過，這個現象是一直到一九九〇年代以後才變成現在這樣。在此之前，偶像是有期間限定的。對於偶像本人和他們的粉絲來說，那個期間一般都是在十幾歲時達到巔峰，這樣的想法根深蒂固。改變這種固有認知，並發揮決定性作用的就是SMAP。隨著他們的出現，是否繼續身為男性偶像已經與年齡無關了。

反觀女性偶像，三十歲之後還活躍在第一線的，不管是過去還是現在都極為罕見。在女性偶像的世界裡，一九八〇年代後半的小貓俱樂部扮演了先驅，九〇年代的早安少女組確立了「畢業／加入」這套劃時代的系統。也就是說，即使個別成員來來去去，團體的框架還是會繼續存在的一項發明。反過來說，這種制度的存在，本身也證明了各個女性偶像「會結束」這個狀況並未改變的事實。

當然，偶像壽命長短的男女差距，反映出存在於當今社會中的性別偏見，這個可能性相當大。就像「不准談戀愛」這項潛規則，如今依然根深蒂固的套用在女性偶像身上一樣，日本社會存在「男主外，女主內」這種性別角色分工的刻板印象，就是影響男性偶像和女性偶像壽命長短的原因，這是很自然的事。

這項差異在一九九〇年代之後變得更加顯著，也可以解釋成「偶像在當時被公認是一種職業」的關係吧！但在那之前偶像並不是職業，應該說，偶像是給短期內出名的人一個暫時的稱號而已。松田聖子於八〇年代出道，結婚生子之後依然持續偶像工作，開創了珍貴的先例，但是像她這樣的存在算是個例外。

如同我們在序章中談到的，「男性偶像論」比起「女性偶像來論」來得少，或許也跟性別偏見有關。

我認為，在眾多「女性偶像論」的背後，存在的是男性粉絲一直懷抱著「想當製作人」的願望。前面提到，粉絲自己以製作人的身分來討論女性偶像，這個文化至少從一九七〇年代開始，就已經透過粉絲同人誌的形式展開。如同這些印刷品中「可愛」的表現一樣，女性偶像的存在某種前提上就是要「受到保護」。也就是說，在不成文規定中其實隱含著某種階級意識。

但是現在，女性粉絲用「可愛」來形容男性偶像卻是很常見的，而且男性粉絲在「女性偶像論」中提出的評論非常廣泛，內容包括歌唱和舞蹈的技巧、歌曲的品質、宣傳策略的利弊等。雖然對女性偶像的評論不見得是外貌或身材比例等特定內容，但也不會單純以外貌主義至上為前提。儘管如此，現存的性別觀點可能帶來的影響性，仍然不容忽視。

2 當偶像成為帶領社會的領頭羊

另一方面，正如在前面提到的，偶像和粉絲之間的關係正朝向無國界化發展。男性粉絲支持女性偶像，女性粉絲支持男性偶像的固定架構已經瓦解，不管是女性還是男性偶像，受到同性別粉絲支持的現象也開始凸顯出來。未來，偶像與粉絲的關係應該會變得更加多元化。

不過，男性偶像和女性偶像的壽命差異是否因此自然消失，還是存在一些微妙之處。除非社會上的性別偏見產生變化，否則就不難預測偶像的世界也會受到這種偏見影響。

另一方面，偶像也有可能會引領社會潮流，成為時代的領頭羊。透過偶像的率先帶領，能展現出只有徵兆的未來社會樣貌，並有機會讓這股潮流開始變得更加清晰、明確吧！

這種可能性，隨著男性偶像的角色又進一步增強了，但他們既不是「王子」也不是「流氓」而是「平凡」人。成為「平凡」人，意味著身為大家所熟悉的人物與大家同在，也因此能與很多人共同承擔喜怒哀樂、煩惱、痛苦和希望。SMAP 和嵐所呈現的，就是在這層意義上，讓偶像成為「人生伴侶」這件事。

平成時期，對日本社會而言發生了重大災難而且經濟發展停滯，是個充滿不安的年代。因此，像是以志願服務者身分支援弱勢或受災者等活動，就成為偶像的核心活動之一，而不是主業以外的附加活動。

這樣的活動也會形成一個以粉絲為中心，並且反饋社會的循環。以 SMAP 為例，即使 SMAP X SMAP 已經停播超過四年以上，現在只要到了之前的播出時間每週一晚上十點，就會在社群網路（SNS）上發現標示「＃ SMAP」、「＃共同攜手重建災區」等主題標籤，並發文呼籲協助災區重建。粉絲們會基於 SMAP 每次在節目中的呼籲，自發性地採取援助行動。

3 超越「平凡」的時代

如此一來，傑尼斯開創了「不是王子也不是流氓」的第三種類型「平凡」，並與粉絲定調在「人生伴侶」的關係上。這就是為什麼「男性偶像＝傑尼斯」這個架構變得如此不可動搖的原因。如果從男性偶像的歷史發展這個角度來看，應該是可以這麼說的。

這種「傑尼斯獨霸」的結構成為男性偶像世界的基礎，至今已經過了大約三十年。尤其是在二〇〇〇年代以後，男性偶像變成「永無止境」的存在，更增加了傑尼斯這個層次的厚度，讓人難以想像其他不同的架構。

但是，娛樂圈的世界也由網際網路取代電視，從網路出道的人越來越受歡迎，還伴隨著全球化的腳步一同前進。過去只專注於日本國內活動的傑尼斯，現在也被迫轉型，目前 K-POP 和傑尼斯之間的關係就是最佳寫照。這也可能是，這股原由日本發展起來的「平凡」男性偶像的現象，大家都有企圖超越的舉動。

另一個超越「平凡」類型，值得關注的動向是，近年來的年輕演員的偶像化。因為他們存在虛構世界裡，這股魅力與「平凡」偶像的真實魅力，形成某種鮮明的對比。比如上一章提到的菅田將暉等演員，他們在虛構世界的框架中扮演與自己完全不同的人格，從「平凡」又更上一層樓。

當然，虛構也有很多不同的類型，依據電影、電視劇、舞台劇等不同領域而有差異，演出的故事也會不同。有的故事描繪脫離現實的虛幻世界，也有描繪血淋淋、殘酷現實世界的故事。但無論是哪一種，正因為那是個與真實不同的世界，所以能有更令人印象深刻的希望與未來。

實際上，現在這些「演技派偶像」在很多地方都嶄露頭角。例如生田斗真與風間俊介這類「演員組」傑尼斯，由於與歌手不同，所以他們一直以來都給人強烈的傑尼斯非主流派的印象；然而近年來他們的存在感卻大幅攀升。此外像是三代目 J SOUL BROTHERS from EXILE TRIBE 的岩田剛典，以及劇團 EXILE 的町田啟太和鈴木伸之等人，EXILE 相關團體也有許多藝人活躍於戲劇領域。至於動漫聲優和二．五次元的演員們匯集了狂熱般的人氣，也是很好的例子。

4 邁向另一個嶄新的世界

從這些新的動向之中，我們可以看出男性偶像在現今社會應該扮演的角色，以及他們的定位所代表的意義。

一九九〇年代，偶像成為一種職業。除了歌唱和舞蹈之外，包括演戲、談話，甚至是在社群網路（SNS）上發布訊息等，必須透過各種方式傳達娛樂的魅力，並且善盡社會責任。相信，男性偶像今後還會被要求做更多事情吧！

然而，這並不是意味著男性偶像處於特權地位。由於男性偶像和女性偶像的存在都是一種「未完成」，所以他們成長的過程便具有吸引力，這一點在本質上並未改變。

此外，針對偶像壽命這一點，部分差異會因為無國界化的進展而縮小。因此男性偶像早一步處在「永無止境」的位置，包括娛樂圈未來應有的樣貌，以及帶領大家前往下一個世界，想必，這些都會是他們本該被賦予的使命。

後記

本書是依據二〇一九年八月至二〇二〇年九月連載在「論座」網站上（https://webronza.asahi.com/）的「日本男性偶像史」之內容彙整而成。成書出版時，我重新寫了序章、終章和本論的兩節內容，並且針對整本書進行追加和修改。

由於稿子本來就是為一般讀者寫的連載內容，所以本書的文筆也盡量調整到淺顯易懂的程度，也因此會有一些偶像無法加以介紹。不過，如果您看完這本書之後，能夠很自然地在腦中浮現出，由男性偶像所交織而成的這個廣大歷史的脈絡，身為作者我會感到非常欣慰。

當我在書寫這本書的時候，一直抱持著「對日本社會而言的男性偶像」這個觀點來論述。如今，偶像不僅是映照出社會的鏡子，也是推動社會改變的存在。那麼問題來了，男性偶像到底是何時，以及如何變成現在這樣的呢？這些問題就是這本書的基本精神。如果您也能理解的話就太好了！

以下是我個人的事。我以個人名義寫的書首度問世時，就是和這本書一樣以「青弓社圖書館」系列叢書出版的，當時感受到的那種內心悸動，現在依然深深地烙印在我的心中。在那之後已經過了好幾年。現在，這本書又再次被納進入「青弓社圖書館」系列，這對我來說也有著特別的感覺。

和第一次出書時一樣，這次也是由青弓社的矢野未知生先生擔任我的責任編輯。此外，連載期間「論座」的高橋伸兒先生也給予我很大的幫助。我想藉此機會向他們兩位表達我內心最誠摯的感謝。

二〇二一年三月　太田省一

日本偶像帝國

練唱跳、學演技、玩綜藝
一段學會受人崇拜的男神養成史

作者	太田省一
翻譯	康逸嵐
責任編輯	蔡穎如
插畫繪製	Littse
封面設計	兒日設計
內頁編排	林詩婷
行銷企劃	辛政遠 楊惠潔
總編輯	姚蜀芸
副社長	黃錫鉉
總經理	吳濱伶
首席執行長	何飛鵬
出版	創意市集
發行	英屬蓋曼群島商家庭傳媒股份有限公司城邦分公司 Distributed by Home Media Group Limited Cite Branch
地址	104 臺北市民生東路二段141號7樓 7F No. 141 Sec. 2 Minsheng E. Rd. Taipei 104 Taiwan
讀者服務專線	0800-020-299 周一至周五09:30～12:00、13:30～18:00
讀者服務傳真	(02)2517-0999、(02)2517-9666
E-mail	創意市集 ifbook@hmg.com.tw
城邦書店	城邦讀書花園 www.cite.com.tw
地址	104臺北市民生東路二段141號7樓
電話	(02) 2500-1919　營業時間：09:00～18:30
ISBN	978-986-0769-85-2
版次	2022年6月初版1刷
定價	新台幣420元 / 港幣140元
製版印刷	凱林彩印股份有限公司

國家圖書館預行編目(CIP)資料

日本偶像帝國：練唱跳、學演技、玩綜藝，一段學會受人崇拜的男神養成史 / 太田省一 著；康逸嵐 譯.
-- 初版. -- 臺北市：創意市集出版：
英屬蓋曼群島商家庭傳媒股份有限公司城邦分公司發行，
2022.06
面； 公分
ISBN 978-986- 0769-85-2（平裝）

1. 流行文化 2. 偶像崇拜 3. 日本

541.3　　111001235

香港發行所　城邦（香港）出版集團有限公司
香港灣仔駱克道 193 號東超商業中心 1 樓
電話：(852) 2508-6231
傳真：(852) 2578-9337
信箱：hkcite@biznetvigator.com

馬新發行所　城邦（馬新）出版集團
41, Jalan Radin Anum,Bandar Baru Seri Petaling,
57000 Kuala Lumpur,Malaysia.
電話：(603)9057-8822
傳真：(603) 9057-6622
信箱：cite@cite.com.my